Ayman Dogui

Modélisation de l'adaptation sémantique entre modèles de calcul

Ayman Dogui

Modélisation de l'adaptation sémantique entre modèles de calcul

Pour la simulation des systèmes complexes

Presses Académiques Francophones

Impressum / Mentions légales

Bibliografische Information der Deutschen Nationalbibliothek: Die Deutsche Nationalbibliothek verzeichnet diese Publikation in der Deutschen Nationalbibliografie; detaillierte bibliografische Daten sind im Internet über http://dnb.d-nb.de abrufbar.
Alle in diesem Buch genannten Marken und Produktnamen unterliegen warenzeichen-, marken- oder patentrechtlichem Schutz bzw. sind Warenzeichen oder eingetragene Warenzeichen der jeweiligen Inhaber. Die Wiedergabe von Marken, Produktnamen, Gebrauchsnamen, Handelsnamen, Warenbezeichnungen u.s.w. in diesem Werk berechtigt auch ohne besondere Kennzeichnung nicht zu der Annahme, dass solche Namen im Sinne der Warenzeichen- und Markenschutzgesetzgebung als frei zu betrachten wären und daher von jedermann benutzt werden dürften.

Information bibliographique publiée par la Deutsche Nationalbibliothek: La Deutsche Nationalbibliothek inscrit cette publication à la Deutsche Nationalbibliografie; des données bibliographiques détaillées sont disponibles sur internet à l'adresse http://dnb.d-nb.de.
Toutes marques et noms de produits mentionnés dans ce livre demeurent sous la protection des marques, des marques déposées et des brevets, et sont des marques ou des marques déposées de leurs détenteurs respectifs. L'utilisation des marques, noms de produits, noms communs, noms commerciaux, descriptions de produits, etc, même sans qu'ils soient mentionnés de façon particulière dans ce livre ne signifie en aucune façon que ces noms peuvent être utilisés sans restriction à l'égard de la législation pour la protection des marques et des marques déposées et pourraient donc être utilisés par quiconque.

Coverbild / Photo de couverture: www.ingimage.com

Verlag / Editeur:
Presses Académiques Francophones
ist ein Imprint der / est une marque déposée de
OmniScriptum GmbH & Co. KG
Heinrich-Böcking-Str. 6-8, 66121 Saarbrücken, Deutschland / Allemagne
Email: info@presses-academiques.com

Herstellung: siehe letzte Seite /
Impression: voir la dernière page
ISBN: 978-3-8381-7298-9

Table des matières

Chapitre 1

Introduction

1.1 Contexte

Dans un monde industriel où l'on devient de plus en plus exigeant et précis en termes de besoins en logiciels, répondre à ces besoins devient une tâche de plus en plus complexe pour les développeurs. Un développeur se doit donc de maîtriser plusieurs technologies et langages de programmation s'il veut être capable de répondre aux besoins de ses clients.

La complexité des logiciels induit forcément une complexité au niveau de leurs codes sources, ce qui rend la tâche difficile pour les développeurs lors des phases de modification ou d'évolution de ces programmes ; manipuler une grande quantité de codes peut être une tâche à la fois fastidieuse et coûteuse.

Une volonté d'abstraction est apparue dans le monde du génie logiciel afin de permettre aux développeurs de se détacher des technologies tout en minimisant le coût du développement d'un logiciel et le temps de sa mise sur le marché. Cette abstraction permettra d'avoir des solutions de logiciels plus génériques. Elle contribuera aussi à faciliter la tâche des développeurs qui ne seront plus obligés de maîtriser telle technologie pour réaliser tel programme, ou encore de manipuler du code pour modifier ou faire évoluer une application.

Étant donné que la phase de développement se doit d'être liée à une certaine technologie et un certain langage de programmation, c'est donc dans la phase de modélisation d'un logiciel que cette volonté d'abstraction peut être concrétisée ; un modèle est plus abstrait que le code.

L'ingénierie Dirigée par les Modèles (IDM) [Kent 2002, Jézéquel 2012] est un paradigme qui a fait son apparition dans le monde du génie logiciel en offrant une démarche qui se base sur les modèles pour la programmation. Le principe est de considérer que tout ou partie d'une application est généré à partir des modèles. Les modèles de conception de l'application se doivent donc d'être explicites et bien précis, mais encore, ils doivent eux-même être manipulables. Cela offrira aux développeurs la possibilité de les transformer lors de l'incorporation d'une technologie à une application ou encore l'application de patrons de conceptions. Modifier ou faire évoluer un logiciel devient alors une tâche plus facile, il suffit de reprendre la conception du logiciel à travers la manipulation des modèles.

La technologie ne cesse d'évoluer, les systèmes offrent plus de fonctionnalités et répondent à une multitudes de tâches impliquant des domaines techniques aussi variés que la mécanique, l'électronique, l'informatique, l'automatique etc. Ces systèmes deviennent plus simples à utiliser ciblant toutes les tranches d'âges, et deviennent plus accessibles et présents à chaque instant de notre vie. Les téléphones portables, les véhicules, les robots et les satellites sont des exemples de systèmes embarqués [Zurawki 2005, Timmerman 2007] impliquant une multitude de fonctionnalités et de domaines techniques.

La conception de tels systèmes devient cependant une tâche compliquée en raison de leur complexité en termes de fonctionnalités d'une part, et de la multitude de domaines techniques

4

qu'ils manipulent d'une autre part [Henzinger 2007].

La *modélisation par composant* est apparue dans l'IDM en proposant de décomposer le modèle d'un système complexe en un ensemble de composants. Chaque composant est indépendant et modélise un comportement bien défini, le comportement du modèle est ainsi obtenu en combinant le comportement de ses composants. Cette technique de modélisation a permis de réduire la complexité des systèmes en décomposant leurs fonctionnalités.

Mais encore, en décomposant un système complexe, nous devons aussi prendre en considération les différents domaines techniques qu'il manipule : chaque domaine technique est lié à une sémantique différente ce qui impose l'utilisation d'un paradigme de modélisation approprié pour le concevoir. La *modélisation multi-paradigme* [Mosterman 2004] est alors apparue dans l'IDM pour répondre à un tel besoin ; le principe est de décomposer le système global en différentes parties selon leurs domaines techniques et concevoir chaque partie à part. Différents paradigmes de modélisations peuvent être ainsi utilisés pour concevoir un tel système.

La modélisation multi-paradigme implique cependant une nouvelle problématique : pour simuler le comportement d'un système complexe et étudier son comportement, nous devons regrouper ses différents sous-modèles pour obtenir un seul modèle global qui représente tout le système. Étant donné que chaque sous-modèle est associé à une sémantique propre à un domaine technique particulier, nous devons spécifier une adaptation sémantique permettant aux sous-modèles d'interagir.

Le travail de cette thèse se place dans le contexte de la modélisation multi-paradigme et se focalise particulièrement sur l'adaptation sémantique entre les différents paradigmes de modélisation.

1.2 Objectif

L'adaptation sémantique est la tâche la moins évidente à définir lors de la modélisation d'un système complexe, elle constitue la principale complexité dans la modélisation multi-paradigme. Cette complexité est due à la grande variété des paradigmes de modélisation existants, où chaque paradigme définit une sémantique de comportement différente (instantané, réactif, concurrent, synchrone, etc), une sémantique de données différente (évènements, jetons, messages, signaux, etc), ainsi qu'une sémantique de temps différente (échelle de temps continu, ensemble discret d'instants, itérations, etc).

L'objectif du travail présenté dans ce mémoire est d'offrir une solution pour spécifier l'adaptation sémantique lors de la conception d'un système impliquant différents domaines techniques. Sa spécification implicite ou manuelle est toutefois une tâche fastidieuse et source d'erreurs, sans parler des questions liées à la traçabilité et la maintenabilité. Nous voulons placer l'adaptation sémantique au même niveau d'abstraction que celui du modèle global, elle doit alors être modélisée et non spécifiée manuellement par un code source. Nous voulons aussi qu'elle soit définie explicitement par le concepteur et non figée dans le noyau de la plateforme de simulation. Nous permettons ainsi la création de patrons d'adaptation paramétrables par le concepteur, ce qui favorise la modularité et la réutilisation dans la modélisation multi-paradigme.

1.3 Organisation de la thèse

Ce mémoire est organisé en trois parties : une première partie consacrée à l'état de l'art sur la thématique de la modélisation hétérogène par composants, une deuxième partie où nous présentons notre contribution, et une troisième et dernière partie consacrée à la mise en œuvre de notre contribution.

- La première partie de ce mémoire est composée de trois chapitres : un premier chapitre intitulé « Modélisation par composants et Modèles de Calculs », dans lequel nous présentons le principe de la modélisation par composants en se focalisant sur une de ses approches qui se base sur les modèles de calculs ; un deuxième chapitre intitulé « Modélisation du temps », où nous faisons un état de l'art sur la modélisation du temps en se référant à deux modèles existants, et nous terminons par une présentation des contraintes temporelle, qui constituent le concept clé de la solution proposée dans ce mémoire ; un troisième chapitre intitulé « Modélisation hétérogène », dans lequel nous présentons les aspects d'hétérogénéité dans les modèles et le principe de leurs adaptations sémantiques. Nous terminons le dernier chapitre par un état de l'art sur quatre outils de modélisation et de simulation de systèmes hétérogènes, en se focalisant particulièrement sur ModHel'X, la plateforme dans laquelle nous avons intégré notre solution.

- La deuxième partie de ce mémoire est composée de trois chapitres : le premier, intitulé « Première approche avec CCSL », est consacré à la présentation de notre première approche où nous essayons de modéliser l'adaptation sémantique par des contraintes d'horloges CCSL. Cette approche a mené à la création d'un nouveau modèle de temps que nous présentons dans le deuxième chapitre, intitulé « Tagged Events Specification Language (TESL) ». Nous présentons dans le troisième et dernier chapitre intitulé « Intégration de TESL dans ModHel'X » comment l'adaptation sémantique du temps et du contrôle est explicitement spécifiée dans ModHel'X grâce à TESL.

- La troisième partie de ce mémoire est composée de deux chapitres : un premier chapitre intitulé « Implémentation » dans lequel nous présentons l'implémentation de trois MoCs différents dans ModHel'X ainsi que les composants d'interfaces permettant l'adaptation sémantique entre eux selon notre approche ; et un deuxième chapitre intitulé « Cas d'étude : système de lève-vitre automatique », où nous traitons un cas d'étude d'un système hétérogène et détaillons son exécution avec la nouvelle version de l'algorithme de simulation de ModHel'X.

Nous terminons ce mémoire par une conclusion où nous présentons l'apport de ces travaux et quelques perspectives.

Première partie

Modélisation et simulation des systèmes hétérogènes

Chapitre 2

Modélisation par composants et Modèles de Calculs (MoCs)

2.1 Introduction

Les modèles sont le principal moyen pour gérer la complexité des systèmes dont ils offrent une représentation abstraite et simplifiée, où seuls les détails utiles permettant de modéliser une tâche donnée du système sont gardés.

Les systèmes ne cessent cependant d'évoluer, ils proposent plus de fonctionnalités et manipulent différents domaines techniques (ex : traitement du signal, contrôle automatique, gestion d'énergie, etc.). Leur conception devient par conséquence plus complexe et nécessite le choix de différents paradigmes (ou techniques) de modélisation [Van Deursen 2000] ; le modèle global d'un tel système est dit *modèle hétérogène* ou *modèle multi-paradigme*.

Différentes techniques de modélisation multi-paradigme existent pour permettre la modélisation d'un système hétérogène [Hardebolle 2009a]. Le travail présenté dans ce mémoire se positionne dans le contexte de la *modélisation par composants*, une technique de modélisation permettant de décomposer le système selon ses fonctionnalités pour réduire sa complexité. Il se positionne plus précisément dans le contexte de la modélisation hétérogène par composants, nous présentons cette technique dans la section 2.2 et développerons ses différentes approches.

Nous nous focalisons dans la section 2.3 sur une des approches de la modélisation hétérogène par composants qui se base sur les *modèles de calculs*, où nous expliquons la notion de modèle de calcul et décrivons les modèles de calculs les plus utilisés.

2.2 Modélisation par composants

Les différentes étapes du cycle de développement en V d'un système, présentées sur la figure 2.1, réduisent la complexité de sa conception verticalement en identifiant différents niveaux d'abstraction (modèle, algorithme, code source, etc). La modélisation par composant [Lee 2011, Gössler 2005], quant à elle, permet de réduire la complexité de la conception horizontalement en décomposant chaque activité (ou niveau d'abstraction) en différents domaines métiers comme montré sur la figure.

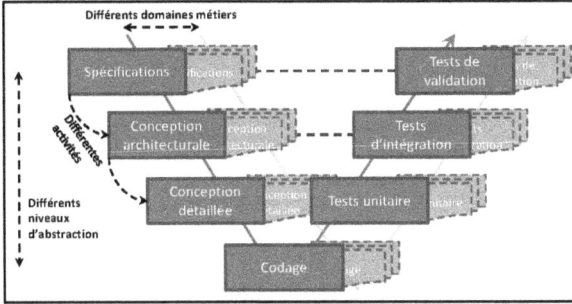

FIG. 2.1 – Cycle de développement en V d'un système

La conception d'un modèle à base de composants est obtenue en assemblant des *boîtes noires* (figure 2.2.a), contenant des entités de conception fortement encapsulées. Le comportement d'un composant n'est donc pas visible de l'extérieur ; il n'est visible que sur son interface composée de ses entrées et de ses sorties. Ces interfaces possèdent des spécifications concises et rigoureuses permettant aux composants d'être regroupés et structurés pour former le modèle global (figure 2.2.b).

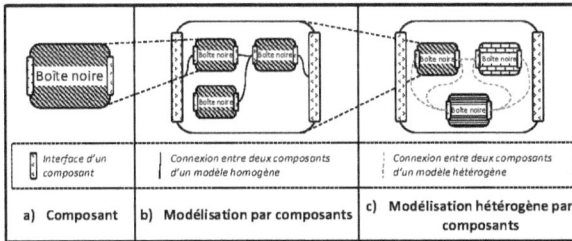

FIG. 2.2 – Modélisation par composants

Un avantage de cette approche est que les composants (ou *boites noires*) sont indépendants les uns des autres, ce qui les rend exploitables dans différents modèles et permet de définir une bibliothèque de composants pour chaque paradigme de modélisation.

Dans le contexte de la modélisation hétérogène (figure 2.2.c), la décomposition d'un système hétérogène est avant tout induite par les différents domaines techniques mis en jeu. Les composants considérés lors de la modélisation d'un tel système sont définis selon des sémantiques différentes. Prenons l'exemple d'un système hétérogène : un robot humanoïde. Ce système implique quatre domaines techniques : l'informatique pour la programmation, la mécanique pour modéliser les mouvements, l'électronique pour modéliser les circuits électroniques et l'automatique pour modéliser le contrôleur. Chaque domaine technique est associé à une sémantique différente, il impose donc l'utilisation d'un paradigme de modélisation adéquat. Ce système est alors décomposé en quatre composants, chaque composant dans ce cas est un sous-modèle associé à une sémantique propre à un domaine technique particulier.

Pour obtenir un modèle hétérogène en utilisant la modélisation par composants, deux principales tâches doivent être réalisées :

- **La définition précise de la sémantique de chaque paradigme de modélisation utilisé :** nous distinguons trois approches pour définir la sémantique de chaque paradigme de modélisation, la première se base sur les modèles de calculs, la deuxième sur les connecteurs (ou interfaces) des composants, et la troisième sur des opérateurs de composition.

- **La définition précise de l'adaptation sémantique entre les différents paradigmes de modélisation utilisés :** l'adaptation sémantique est la *colle* qui permet de regrouper les différents composants pour former le modèle global d'un système hétérogène (connexions entre les composants sur la figure 2.2.c).

Nous développons dans ce qui suit la première principale tâche, où nous présentons les trois différentes approches pour définir la sémantique de chaque paradigme de modélisation. Nous nous focalisons particulièrement sur l'approche à base de modèles de calculs dans la deuxième section de ce chapitre, où nous présenterons les modèles de calculs les plus utilisés.

2.2.1 Approche à base de modèles de calculs

Dans l'approche à base de modèles de calculs, la sémantique de chaque paradigme de modélisation est définie par un *Modèle de Calcul* (MoC). Les MoCs viennent principalement de Ptolemy II [Eker 2003, Brooks 2008a], une plateforme de conception et de simulation de modèles hétérogènes réalisée à l'université de Berkeley. Dans Ptolemy II, l'idée centrale est que chaque MoC définit la loi de combinaison des comportements des composants d'un modèle, selon un paradigme de modélisation approprié.

Un modèle conçu selon cette approche est composé de deux principales parties : (1) une structure qui regroupe les différents composants modélisant le comportement du modèle, (2) et une instanciation d'un MoC (*Director* dans PtolemyII) qui définit la sémantique de ses composants, à savoir la nature des données échangées entre eux, la notion de temps qu'ils partagent, ou encore leur sémantique de comportement (séquentiel, concurrent, synchrone, etc). La figure 2.3 montre par exemple que deux modèles peuvent avoir la même structure (deux composants connectés par deux flèches) avec une sémantique différente selon la nature du MoC en question : une machine à états finis ou deux processus de communication séquentiels pour cet exemple. Nous présentons des exemples de MoCs dans la section suivante.

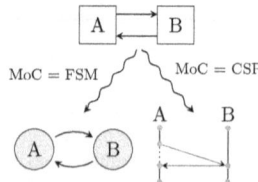

FIG. 2.3 – Modèles de Calculs.

L'élément de base pour la conception d'un système hétérogène dans PtolemyII est appelé *Actor* (acteur). Un acteur est un composant ayant un comportement bien précis, il communique en consommant et en produisant des données à travers ses interfaces appelées *Ports*. Les acteurs d'un modèle sont structurés grâce à des *relations* connectées sur leurs interfaces. Une relation peut connecter plusieurs acteurs à la fois, mais ne possède aucune sémantique, elle permet simplement de modéliser un lien statique entre les interfaces des acteurs pour combiner leurs comportements.

Quand un acteur *A* réalise son comportement, il est susceptible de produire des données destinées aux acteurs qui lui sont connecté. Quand les acteurs destinataires reçoivent ces données et réalisent leurs comportements à leur tours, nous parlons ici d'un *transfert de contrôle* de l'acteur *A* vers les acteurs destinataires. Deux points importants doivent être définis : (**1**) l'ordonnancement d'exécution des acteurs et (**2**) la technique de communication entre eux.

Dans la modélisation à base de composants, les composants d'un modèle sont indépendants, leur comportement est donc tout aussi indépendant. Il est dans ce cas essentiel de définir l'ordre d'exécution de ces composants selon le paradigme de modélisation auxquels ils appartiennent, il peut être séquentiel, parallèle, concurrent, synchrone, asynchrone, etc. Chaque MoC (*Director* dans PtolemyII) définit une **sémantique de contrôle** qui permet de déterminer l'ordre d'exécution des composants de son modèle.

Une fois que l'ordre d'exécution des composants est proprement définie, le deuxième point à considérer concerne la technique de communication entre ces composants. Elle dépend aussi du paradigme de modélisation utilisé : dans un modèle à évènements discrets par exemple (2.3.1), les composants communiquent grâce à des *évènements discrets*, il existe donc une structure de données à définir et une notion de temps à considérer. Par contre, dans un modèle à flot de données synchrone (2.3.3), les composants communiquent en consommant et en produisant des échantillons d'un flot de données suivant le principe de détermination du point fixe du modèle, il n'existe pas de notion de temps.

D'une manière générale, il est essentiel dans un modèle de spécifier le type de données échangées entre ses composants (évènements, jetons, etc), ainsi que l'échelle de temps considérée par le modèle (temps continu, temps discret, pas de notion de temps, etc). Pour cela, chaque MoC définit aussi une **sémantique de temps** pour spécifier la nature du temps local considéré par les composants d'un modèle, ainsi qu'une **sémantique de données** pour spécifier la structure des données échangées entre ces composants.

L'approche à base de modèles de calcul se focalise donc sur les MoCs pour définir la sémantique de chaque domaine métier dans un système hétérogène. Cette sémantique est décomposée en trois parties : la sémantique de contrôle, la sémantique de temps et la sémantique de données.

2.2.2 Approche à base de connecteurs

Contrairement à l'approche basée sur les MoCs, dans un modèle orienté composants et conçu selon une approche à base de connecteurs, la sémantique associée à la structure d'un modèle est définie au niveau des interfaces de ses composants. Nous développons cette approche en se basant sur la plateforme de composition de modèles BIP (Behavior, Interaction, Priority) [Basu 2011].

Dans PtolemyII, le principe de modélisation est de spécifier une structure de composants définissant le comportement d'un système donné, et lui associer une sémantique grâce à un MoC (un paradigme de modélisation). Dans BIP, associer une sémantique à la structure d'un modèle consiste à définir des *interactions* entre ses composants et des *priorités* sur ces interactions.

Un modèle dans BIP est un composant (*Component*) formé par des composants atomiques (*Atomic Components*) liés par des interactions (*Interactions*). La conception d'un modèle est réalisée en superposant trois niveaux de modélisation : le *comportement* de ses composants atomiques, les *interactions* entre les composants atomiques, et les *priorités* de ces interactions.

Un composant atomique est l'élément de base pour modéliser un comportement dans BIP. Son comportement est défini par un automate constitué d'*états de contrôle* et de *transitions*. Les transitions représentent un passage conditionné d'un état de contrôle à un autre.

Les interactions permettent de spécifier un lien entre les composants atomiques. Pour cela, chaque composant atomique possède des connecteurs dans lesquels sont spécifiées ses différentes interactions possibles avec les autres composants atomiques du modèle.

Spécifier la **sémantique de contrôle** d'un ensemble de composants atomiques revient à synchroniser leurs comportements. Cette synchronisation est réalisée en spécifiant des interactions entre ces composants et des priorités sur ces interactions pour déterminer l'ordre de leurs exécutions. Les priorités permettent aussi de filtrer les interactions possibles pour optimiser les performances du système.

BIP est une plateforme qui permet de modéliser des systèmes synchrones (SDF, Rendez-vous, etc) [Bozga 2009] ou des automates finis (FSM, TFSM, PetriNet). Ces deux paradigmes reposent sur une même notion de donnée qui se résume aux jetons. La **sémantique des données** est donc implicite et se résume à la présence ou absence d'un jeton sur les interfaces d'un composant.

De plus, BIP ne considère qu'une seule notion de temps : le temps discret. Cette notion est introduite grâce aux composants atomiques temporisés (*Timed Atomic Components*), des composants atomiques ayant un connecteur spécifique appelé *Tick* et une transition dans leurs comportements modélisant un pas de discrétisation [Basu 2006b].

Spécifier la **sémantique de temps** dans BIP revient à synchroniser les composants atomiques temporisés sur un même pas de discrétisation. Cela se résume par la présence d'une interaction avec un haut niveau de *priorité* spécifiant une forte synchronisation entre les différents *ticks* de ces composants. L'hétérogénéité dans BIP ne concerne donc que le *contrôle* entre deux paradigmes de modélisation, une seule notion de données et de temps sont considérés.

Des exemples de l'utilisation de BIP sur différents systèmes sont présents dans [Basu 2006a]. Nous reprenons ici l'exemple du producteur/consommateur avec la politique *fifo*, le canal de communication *fifo* est modélisé par un composant atomique présenté dans la figure 2.4.

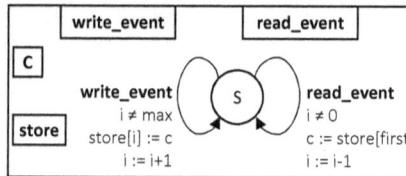

FIG. 2.4 – Composant atomique **fifo**

Le système complet est présenté dans la figure 2.5. Il est formé par trois composants atomiques (*producteur*, *consommateur* et *fifo*) et deux connecteurs C1 et C2 représentés par des cercles pleins. Ces deux connecteurs définissent une forte synchronisation du *producteur* et du *consommateur* avec *fifo*.

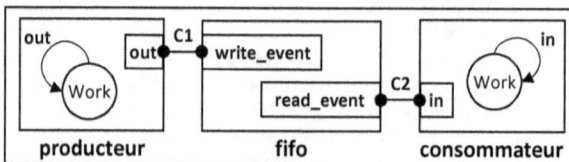

FIG. 2.5 – Composant producteur/consommateur avec fifo

2.2.3 Approche à base d'opérateurs de composition

L'approche à base d'opérateurs de composition est un peu particulière, elle est plutôt dédiée à des systèmes pouvant être modélisés par des équations linéaires ou des formules physiques. SPICE II [Nagel 1975] est un outil défini selon cette approche, il est apparu pour apporter une aide face à la complexité émergente des circuits intégrés, en proposant une simulation précise de ces circuits et une analyse de leurs performances.

L'approche à base d'opérateurs de composition considère que chaque composant d'un modèle est une fonction de transfert sur une trace. Dans SPICE II, par exemple, les composants sont des fonctions du temps sur $\mathbb{R}$. La structure d'un modèle suivant cette approche est définie par des opérateurs de composition, où chaque opérateur représente une structuration particulière de ces composants.

La sémantique de comportement d'un modèle conçu selon cette approche se base sur deux principaux opérateurs de composition : *Produit* et *Boucle fermée* (ou *Feedback*). Tous les autres opérateurs de composition possibles sont construits par composition de *Produits* et de *Boucles fermées*.

2.3 Modèles de Calculs (MoCs)

Comme nous l'avons mentionné dans la section précédente, afin de définir la sémantique d'un modèle hétérogène en utilisant la modélisation par composants, deux principales tâches doivent être réalisées : (1) la définition précise de la sémantique de chaque paradigme de modélisation utilisé et (2) la définition précise de l'adaptation sémantique entre les différentes parties d'un modèle hétérogène.

Une méthode pour définir la sémantique des différents paradigmes de modélisation est d'utiliser une syntaxe commune ou un méta-modèle commun pour décrire la structure du modèle et d'attacher une sémantique à cette structure en utilisant des MoCs.

Un MoC est un ensemble de règles qui définissent la nature des composants d'un modèle et la manière avec laquelle leurs comportements sont combinés pour produire le comportement du modèle. Un MoC tient donc compte non seulement des composants formant le modèle, mais aussi des liens liant ces composants entre eux ; c'est un paradigme permettant d'interpréter la structure d'un modèle.

Un MoC spécifie trois éléments essentiels dans un modèle à base de composants : la nature des **données** échangées entre les composants (messages, évènements, flot de données, etc), le **contrôle** du comportement des composants et la nature de leurs communications (séquentiel, concurrent, parallèle, synchrone, asynchrone, etc), et enfin, la nature du **temps** que ces composants partagent (continu, discret, pas de temps). Nous présentons dans ce qui suit quatre modèles de calculs utilisés fréquemment.

2.3.1 MoC "Discrete Events" (DE)

Le MoC à évènements discrets (MoC DE) [Brooks 2008b] permet de modéliser des systèmes ayant un comportement orienté par le temps, pouvant être modélisé par des évènements discrets. Ces systèmes peuvent être logistiques comme les systèmes de gestions de services ou des réseaux de transport, ou encore techniques comme les systèmes de réseaux et de télécommunications ou encore des systèmes dédiés aux chaines de production.

En modélisant un système à évènements discrets, nous ne nous intéressons qu'à certains instants particuliers au cours du temps durant lesquels des évènements se produisent (ex : début d'une action, arrivée d'une ressource, etc). Le mot *discret* ne fait référence ni au temps considéré par le système ni à son comportement au cours du temps ; dans un système DE, un évènement peut se produire à n'importe quel instant. Par abus de langage, nous appelons « modèle DE » un modèle régi par le MoC DE. Nous faisons de même pour chaque modèle régi par un paradigme de modélisation donné.

Dans un modèle DE, les composants communiquent entre eux en postant des **évènements DE**. Quand un composant DE est exécuté, il réalise son comportement et fournit le résultat sur son interface. Si ce résultat est destiné à un autre composant, il est structuré dans un évènement DE composé de deux éléments : une donnée représentant le résultat du comportement du composant et une étiquette modélisant la date d'arrivée de cet évènement à l'interface du composant destinataire. Quand un composant reçoit un évènement DE sur son interface, il prend en considération la donnée de l'évènement DE et réalise son comportement. La sémantique des données dans un modèle DE est donc modélisée par des évènements DE.

L'étiquette d'un évènement DE fait référence à un instant (une date) dans une échelle de temps locale à un modèle DE. Ces instants peuvent survenir à n'importe quel moment au cours de la simulation. La sémantique de temps dans un modèle DE est donc spécifiée par un ensemble d'**instants discrets** au cours d'un temps continu.

L'étiquette d'un évènement DE est formée par une date et un micro-pas. Un évènement DE n'est posé sur l'interface de son destinataire que lorsque sa date coïncide avec la date courante du modèle au cours de la simulation. Si deux évènements on la même date, le micro-pas permet de les ordonner (temps super-dense [Lee 2005]).

Une observation d'un modèle DE consiste à activer les composants concernés pour traiter tous les évènements qui possèdent la plus petite date. La sémantique de contrôle dans DE est donc spécifiée par un **traitement chronologique des évènements**, où l'objectif est de déterminer quels composants doivent être observés durant chaque observation d'un modèle, en se référant pour cela à la date des évènements qui leur sont destinés ou qu'ils doivent produire.

Prenons l'exemple d'un système de machine à café en le limitant aux évènements suivants : (1) l'utilisateur insère l'argent dans le distributeur, (2) l'écran du distributeur affiche qu'il est prêt, (3) l'utilisateur appuis sur le bouton de sélection pour choisir son café, (4) l'écran du distributeur affiche que le café est en cours de préparation, (5) l'écran du distributeur affiche que le café est prêt.

Si nous ne considérons que ces évènements à modéliser, le système de machine à café peut être représenté par un modèle DE (figure 2.6) structuré par deux composants : un premier composant *User* connecté à un deuxième composant *CoffeeMachine*.

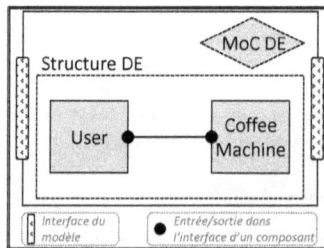

FIG. 2.6 – Exemple d'un modèle DE

User modélise les actions de l'utilisateur, il possède une sortie sur son interface (point noir sur la figure) dans laquelle sont produits les évènements *user(coffee, t_1)* (appui sur le bouton de sélection à l'instant t_1) et *user(coins, t_2)* (insertion de l'argent à l'instant t_2).

CoffeeMachine modélise le distributeur, il possède une entrée sur son interface connectée à la sortie de *User*, lui permettant de recevoir les évènements modélisant les actions de l'utilisateur et d'afficher ainsi son état actuel. Dans cet exemple, nous avons modélisé uniquement les interactions entre un utilisateur et la machine à café. Pour modéliser l'automate du distributeur, un MoC FSM est plus approprié.

2.3.2 MoC "Finite State Machine" (FSM) et "Timed Finite State Machine" (TFSM)

Le MoC de type machine à états finis (MoC FSM) [Brooks 2008b] permet de modéliser des systèmes à logique de contrôle séquentiels et plus précisément des automates à états finis. Ces systèmes sont modélisés par un ensemble fini d'*états* possibles où le passage d'un état à un autre est conditionné et peut générer des actions. De plus, chaque automate possède un *état initial* spécifiant l'état dans lequel il se trouve au début d'une simulation.

Les *transitions* permettent de modéliser un passage conditionné d'un état à un autre dans un modèle FSM. Ce passage est supposé instantané : **aucune sémantique de temps** n'est alors définie.

Nous reprenons l'exemple du système de machine à café introduit dans 2.3.1 où nous cherchons à présent à modéliser l'automate du distributeur (figure 2.7). Dans cet exemple, le distributeur peut se trouver dans trois états possibles : un état *initial* représentant l'état en veille du distributeur. Quand l'utilisateur insère l'argent pour payer le café, le distributeur réagit suite à cet évènement et passe à l'état *prêt*. Quand l'utilisateur appuie sur le bouton de sélection pour choisir son café, le distributeur se trouve à l'état *prêt* et peut donc servir le café à l'utilisateur, il réagit en passant à l'état *servi*. L'utilisateur prend alors son café et le distributeur retourne à l'état *initial*.

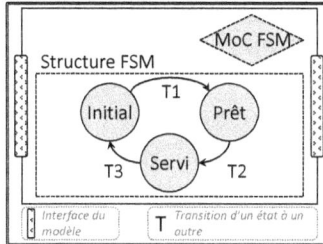

FIG. 2.7 – Exemple d'un modèle FSM

Dans notre exemple, l'automate possède trois transitions différentes : (T1) l'automate passe de l'état *initial* à l'état *prêt* si l'évènement *evtArgent* est présent sur son interface d'entrée modélisant l'insertion de l'argent par l'utilisateur ; (T2) l'automate passe de l'état *prêt* à l'état *servi* si l'évènement *evtCafé* est présent sur son interface d'entrée modélisant l'appuie de l'utilisateur sur le bouton de sélection du café ; (T3) l'automate passe de l'état *servi* à l'état *initial* si l'évènement *evtRécupéré* est présent sur son interface d'entrée modélisant la récupération du café par l'utilisateur.

Le comportement d'un modèle FSM est **réactif**, il dépend des entrées du modèle et de son état actuel. Les entrées sont des **évènements FSM** représentées par des **symboles**, la seule information qu'ils représentent sont leur présence ou leur absence sur l'interface d'entrée du modèle en question. Ces données sont susceptibles de faire réagir le système selon l'*état* actuel où il se trouve. En effet, l'automate du distributeur de café ne réagit et ne passe à l'état *servi*, par exemple, que s'il se trouve à l'état *prêt* et que *evtCafé* est présent sur son interface d'entrée.

Les conditions de passage d'un état à un autre dans FSM sont modélisées par des *gardes* définies dans la *transition* entre les deux états. Ces *gardes* sont des conditions booléennes portant sur les entrées du modèle. De plus, l'activation d'une *garde* peut générer une *action*. Cette action est dans ce cas définie dans la même transition, elle est traduite par la génération d'un symbole, ou **action FSM**, sur l'interface de sortie adéquate du modèle.

Un MoC TFSM est une extension du MoC FSM pour y introduire une notion de temps. Reprenons l'exemple du distributeur de café en considérant à présent le temps de préparation du café. Nous rajoutons donc un nouvel état *prep* au distributeur modélisant l'instant où ce dernier est en train de préparer le café (figure 2.8). Quand le distributeur se trouve à l'état *prêt* et qu'il reçoit l'évènement *evtCafé*, il passe à présent à l'état *prep* et y reste jusqu'à la fin de préparation du café. Cette durée de préparation est définie dans TFSM par une *transition temporisée* de l'état *prep* à l'état *servi* (transition rouge sur la figure).

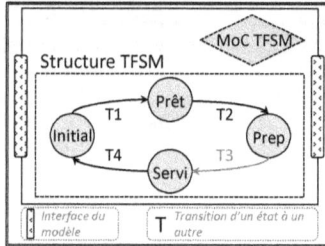

FIG. 2.8 – Exemple d'un modèle TFSM

Une *transition temporisée* est une transition ayant une *garde* définie par une durée. La sémantique de temps dans TFSM se base donc sur la notion de **durées** qui représentent une distance temporelle entre deux instants discrets au cours du temps.

2.3.3   MoC "Synchronous DataFlow" (SDF)

Un MoC à flot de données synchrone (MoC SDF) [Brooks 2008b] permet de modéliser des systèmes qui réagissent périodiquement pour réaliser un traitement sur un flot de données, tel que des systèmes de traitement de signal pour la compression de données, l'analyse spectrale, la réduction du bruit, le multiplexage et le filtrage de signaux, etc.

Les composants d'un modèle SDF sont des opérateurs qui consomment des données de leurs entrées, réalisent un calcul, et produisent des données sur leurs sorties dans une seule opération atomique.

Les données traitées par les composants d'un modèle SDF sont en fait des **échantillons d'un flot de données** transmis sur un canal entre deux composants. Ce canal est modélisé par un lien entre une sortie d'un composant producteur et une entrée d'un composant consommateur.

Les interfaces des composants d'un modèle SDF sont pondérées : chaque composant consomme et produit un nombre fixe de données respectivement sur chacune de ses entrées et de ses sorties.

Notons ici qu'il n'existe aucune notion de temps dans un modèle SDF, sa simulation au cours du temps est une **suite d'itérations** modélisant les instants de réaction du système considéré. Chaque itération est une suite d'exécution des composants du modèle pour déterminer son prochain point fixe où le nombre d'échantillons sur les interfaces des composants reste constant.

Le contrôle dans un modèle SDF revient à déterminer l'ordre d'activation de ses composants au cours d'une itération. Cet ordre peut être déterminé statiquement avant la simulation. Chaque composant doit être activé au moins une fois, mais peut être activé plusieurs fois dans une même itération. Considérons l'exemple d'un modèle SDF ayant un premier composant A produisant un flot de données consommé par un deuxième composant B (figure 2.9). Si nous supposons que la sortie de A et l'entrée de B sont pondérés respectivement par 1 et 2, l'ordre d'exécution de ces composants au cours d'une itération est alors $A\ ;A\ ;B$. En effet, A doit être activé deux fois pour produire les deux échantillons nécessaires à l'activation de B.

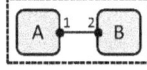

Fig. 2.9 – Structure d'un modèle SDF

La figure 2.10 illustre un exemple d'un modèle SDF permettant d'afficher la courbe de la fonction sinus. Sa structure est formée par cinq composants : *Ramp*, *Const*, *Add*, *Sin* et *Screen*.

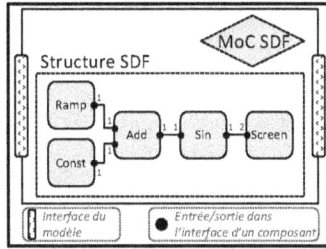

Fig. 2.10 – Exemple d'un modèle SDF

Ramp et *Const* sont deux composants producteurs de données qui ne possèdent pas d'entrées sur leurs interfaces. *Ramp* génère les phases successives de la courbe modélisée, il produit un entier incrémenté de 1 sur sa sortie à chaque activation. *Const* spécifie la phase initiale de la courbe, il produit un entier constant à chaque activation.

Add consomme un échantillon du flot de données produit par *Ramp* et un échantillon du flot de données produit par *Const*, il les additionne et produit l'échantillon résultant sur sa sortie à chaque fois qu'il est activé, modélisant ainsi un signal croissant régulier tout au long de la simulation. Le composant *Sin* applique la fonction sinus sur le signal (ou flot de données) produit par *Add* pour obtenir la sinusoïde, qui sera affichée par la suite grâce au composant *Screen*.

Notons ici que *Screen* consomme deux échantillons du flot de données produit par *Sin*, tout le reste des composants produisent et consomment un échantillon à chaque fois qu'ils sont activés. De ce fait, pour que *Screen* soit activé, tout les autres composants doivent être activés deux fois au cours d'une itération.

2.3.4 MoC "Continuous-Time" (CT)

Le MoC à temps continu (MoC CT) [Brooks 2008b] permet de modéliser des systèmes qui interagissent avec le monde physique, pouvant être définis par des équations différentielles, comme le cas des systèmes embarqués contenant des circuits analogiques ou mécaniques.

La structure d'un modèle CT représente un ensemble d'équations différentielles sous la forme suivante :

$$\frac{dx}{dt} = f(x, u, t) \qquad\qquad y = g(x, u, t) \qquad\qquad (2.1)$$

L'état du modèle est représenté par x, son entrée est représenté par u et sa sortie par y. La sortie d'un modèle CT est une fonction g qui dépend de son état (x) et de son entrée (u). L'état d'un modèle CT varie au cours d'un temps continu et dépend de son entrée et de son état précédent. Cette variation est représentée par la fonction f. La figure 2.11 présente la structure générale d'un modèle CT.

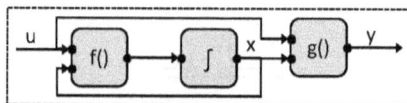

FIG. 2.11 – Structure générale d'un modèle CT

La simulation d'un modèle CT revient donc à déterminer les différents états du modèle en résolvant ces équations pour déterminer les différentes valeurs de x. Les données considérées (u, x et y) sont des **fonctions continues du temps**. Ces fonctions sont modélisés par des connexions entre les composants du modèle.

Chaque composant d'un modèle CT est une relation entre des fonctions reçues sur son interface d'entrée et des fonctions émises sur son interface de sortie, dans un environnement à temps continu. Le contrôle dans CT se résume donc à la **recherche du point fixe** du modèle, en déterminant l'ensemble des fonctions qui permettent de satisfaire toutes ces relations.

Considérons l'exemple d'une balle se trouvant sur une table à laquelle nous appliquons une force constante. Nous voulons modéliser la vitesse de cette balle en négligeant son frottement sur la table. Le modèle CT de cet exemple est présenté sur la figure 2.12.

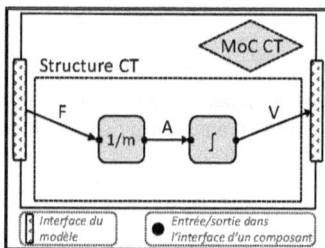

FIG. 2.12 – Exemple d'un modèle CT

Dans cet exemple, F, A et V sont des signaux continus au cours du temps. F modélise la force appliquée sur la balle et représente l'entrée du modèle, A modélise l'accélération de la balle, et V modélise la vitesse de la balle et représente donc l'état du modèle au cours du temps.

En négligeant le frottement sur la table, l'accélération A de la balle est déterminée en fonction de sa masse ainsi que de la force F appliquée sur elle : $A = \frac{1}{m} \cdot F$. La vitesse V de la balle est déterminée en intégrant A entre deux instants t_1 et t_2 : $V = \int_{t_1}^{t_2} A \, dA$.

2.4 Conclusion

Nous avons présenté dans ce chapitre une approche de modélisation des systèmes hétérogènes qui se base sur l'utilisation de composants, considérés comme des boîtes noires et liés entre eux à travers leurs interfaces pour former la structure d'un modèle. Nous avons vu par la suite que la sémantique de cette structure concerne trois aspects : la sémantique des données échangées par les composants d'un modèle, la sémantique de temps partagée par les composants d'un modèle, et enfin la sémantique du contrôle qui définit le comportement du modèle.

Pour un modèle à base de composants, nous avons présenté trois approches pour associer une sémantique à sa structure. Cette sémantique est spécifiée dans la première approche par un MoC, elle est spécifiée dans les interfaces des composants dans la deuxième approche et par des opérateurs de composition dans la troisième approche. Nous nous somme focalisés particulièrement sur la première approche due au large choix de MoCs existants, ce qui place le contexte de notre travail à un haut niveau d'abstraction. De plus, la sémantique de la structure d'un modèle à base de MoCs est définie par une instance particulière d'un MoC, elle n'est donc pas définie dans la structure du modèle comme c'est le cas dans les deux autres approches. Nous considérons cela comme un point important qui place la sémantique de la structure d'un modèle à base de MoC au même niveau d'abstraction que celui de sa conception.

L'objectif de cette thèse est lié à la sémantique des modèles, nous voulons modéliser l'adaptation sémantique entre les composants d'un modèle hétérogène. Nous nous intéressons dans le chapitre suivant aux différentes sémantiques du temps et à leur modélisation.

Chapitre 3

Modélisation du temps

3.1   Introduction

Nous avons vu dans le chapitre précédent que la modélisation par composants permet de décomposer la complexité des systèmes hétérogènes. Nous avons distingué trois différentes approches de modélisation par composants, et nous nous sommes focalisés en particulier sur une des approches qui se base sur les MoCs. Nous avons vu qu'un MoC permet de définir la sémantique de chaque modèle appartenant à un même domaine technique, et que cette sémantique concerne trois éléments essentiels dans un modèle donnée : le contrôle, les données et le temps. Nous nous intéressons dans ce chapitre au temps et à ses différentes notions.

Pour spécifier explicitement l'adaptation sémantique du temps entre les MoCs, il est essentiel que la notion de temps soit bien définie dans chacun des MoCs. Nous nous référons tout au long de ce chapitre à deux modèles de temps existants : TSM et MARTE.

Le modèle TSM (Tagged Signal Model) [Lee 1998] s'attache particulièrement à la modélisation du temps dans un modèle de calcul, en proposant un méta-modèle de comparaison de certaines propriétés des MoCs. Il spécifie le temps en introduisant la notion des *étiquettes* (*Tags*) portant sur des *évènements*, modélisant des valeurs temporelles au cours du temps physique.

Le profil UML MARTE [André 2007] est dédié à la modélisation du temps dans les systèmes embarquées temps réel. Il offre un modèle de temps et de contraintes temporelles en introduisant la notion d'*horloges* et de *tics* d'horloges, modélisant des instants discrets au cours d'un temps continu.

Nous présentons d'abord la notion d'*instant*, l'élément principal définissant le temps. Nous parlons ensuite de la notion de « domaine de temps » qui introduit la notion d'hétérogénéité du temps. Ce qui nous mène à la troisième section de ce chapitre où nous parlerons des différentes « natures de temps ». Nous terminerons ce chapitre en présentant la notion de « contraintes temporelles », l'approche déclencheur de la solution proposée dans ce mémoire.

3.2 Notion d'instants

Le temps est une notion abstraite utilisée dans différents domaines. Le dictionnaire en donne des définitions variées, générales ou spécifiques à des domaines particuliers : « *Notion fondamentale conçue comme un milieu infini dans lequel se succèdent les événements* », « *Durée considérée comme une quantité mesurable* », « *Chacune des phases successives d'une opération, d'une action* », (Linguistique) « *Catégorie grammaticale de la localisation dans le temps, qui s'exprime, en particulier, par la modification des formes verbales* », (Mécanique) « *Chacune des phases d'un cycle d'un moteur à combustion interne* », (Physique) « *Paramètre permettant de repérer les événements dans leur succession* », etc ([Larousse] consulté le 31-05-2013).

Nous considérons le temps comme un **ensemble d'instants auxquels nous pouvons nous référer** ; l'intérêt ici n'est pas de proposer une définition commune du temps, mais plutôt d'avoir une structure concrète permettant de modéliser les différentes sémantiques de temps dans un modèle hétérogène. Pour cela, la première chose à définir est la notion d'**instants**.

TSM est un modèle mathématique dénotationnel permettant la description, l'abstraction et la différentiation des MoCs. Il propose une modélisation du temps grâce à la notion d'*évènements* et d'*étiquettes* (*tags*) sur ces évènements. Intéressons-nous pour le moment aux évènements de TSM.

En spécifiant un domaine de valeurs V et un domaine d'étiquettes T, un évènement e dans TSM est une paire (*valeur, étiquette*) tel que $e \in V \times T$. Chaque évènement modélise un résultat d'un *signal* à un instant donné. Un signal s est formé par un ensemble d'évènements ($s \subset V \times T$) modélisant une fonction au cours du temps. Le signal s représenté sur la figure 3.1, par exemple, est formé par l'ensemble des évènements où le domaine d'étiquettes $T = \mathbb{R}$ et où le domaine de valeurs $V = \{0, 1\}$.

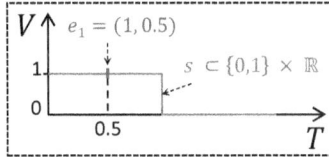

FIG. 3.1 – Exemple d'un signal dans TSM

En considérant S l'ensemble de tous les signaux dans un système donné et S^n l'ensemble des n-uplets de signaux $\mathbf{s} = (s_1, s_2, \ldots, s_n)$ pour un entier fixe n, un *processus* P dans TSM est défini par un sous ensemble de signaux ($P \subset S^n$). La figure 3.2 présente un système composé de deux processus P_1 et P_2. Dans cet exemple, P_1 est défini par les signaux s_1, s_2 et s_3 ($P_1 \subset S^3$) alors que P_2 est défini par les signaux s_2 et s_3 ($P_2 \subset S^2$).

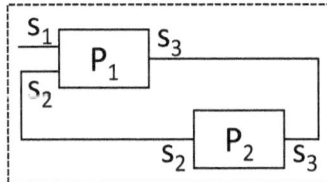

FIG. 3.2 – Exemple d'un système dans TSM

Un comportement possible d'un processus P est défini par un n-uplets de signaux $\mathbf{s}$ qui satisfait P ($\mathbf{s} \in P$). En considérant par exemple que le processus P_1 sur la figure 3.2 est un additionneur, son comportement est défini par l'ensemble des 3-uplets de signaux (s_1, s_2, s_3) comme suit : $P_1 = \{(s_1, s_2, s_3) \setminus \forall t \in \mathbb{R}, s_3(t) = s_1(t) + s_2(t)\}$.

TSM propose ainsi une modélisation mathématique du temps où la notion d'**instant** que nous cherchons à définir est modélisée par un évènement, et où l'**ensemble des instants** sont représentés par un signal. Cette approche reste toute fois abstraite, elle permet certes de donner une définition précise du comportement d'un système donné mais ne propose pas de solution concrète. Le comportement du système présenté sur la figure 3.2 par exemple est défini comme suit : $\{(s_1, s_2, s_3) \setminus (s_1, s_2, s_3) \in P_1 \wedge (s_2, s_3) \in P_2\}$. MARTE s'inspire de cette modélisation et concrétise la notion d'instant en proposant une modélisation UML du temps.

MARTE est un profil dans UML [OMG 2011] pour enrichir ses modèles avec des annotations liées au temps, permettant ainsi d'évaluer le comportement temporel des systèmes temps réel. Pour modéliser le temps, MARTE définit trois domaines distincts : la structure du temps (*TimeStructure*), l'accès au temps (*TimeAccess*) et les éléments liés au temps (*TimeUsage*). La structure du temps est définie par une base de temps (*TimeBase*) composée d'un ensemble d'*instants*, où chacun d'eux modélise une occurrence d'un évènement au cours du temps. L'accès à cette structure se fait à travers les horloges (*Clocks*) : chaque horloge fait nécessairement référence à une base de temps, donnant ainsi l'accès à l'ensemble de ses instants.

En associant une horloge à un élément d'un modèle, nous associons une sémantique de temps à ce dernier. *TimeUsage* regroupe ainsi tous les éléments associés au temps tels que des évènements, des actions, ou encore des contraintes temporelles.

Dans [André 2007], les auteurs proposent un exemple de l'application de MARTE dans un système automobile : contrôle de l'allumage et correction du cognement dans un moteur à 4-temps. Pour cela, les auteurs définissent des horloges pour modéliser les angles de rotations de l'arbre à cames et du vilebrequin. Ces horloges sont présentés sur la figure 3.3 : *AngleClock* définit un type d'horloge dont l'unité de temps est mesurée en terme de degrés d'angles (*AngleUnitKind*). L'unité °*CAM* est liée à la position de l'arbre à cames et °*CRK* à celle du vilebrequin. *camClk* et *crkClk* sont deux horloges de type *AngleClock*, la première modélise la position de l'arbre à cames, elle est donc liée à l'unité de temps °*CAM*, la deuxième modélise la position du vilebrequin et est donc liée à l'unité de temps °*CRK*.

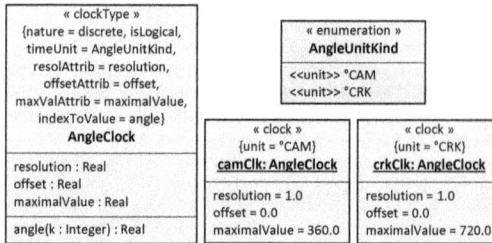

FIG. 3.3 – Exemple d'horloges dans MARTE (source [André 2007])

La figure 3.4 présente le modèle de machine à états finis modélisant le contrôle dans le cycle de l'allumage d'un tel moteur. Ce cycle est caractérisé par quatre phases comme le montre la figure : aspiration, compression, combustion et échappement. Cet automate est associé à l'horloge *camClk*, ainsi, les transitions de l'automate sont des transitions temporisées dont l'unité de temps est mesurée en °*CAM*. Par exemple, quand la position de l'arbre à cames atteint 90° étant à l'état *Compression*, l'automate passe à l'état *Combustion*.

L'exemple complet de ce système est présenté en détails dans [André 2007], l'objectif ici est de donner une idée sur l'application de MARTE sur un exemple.

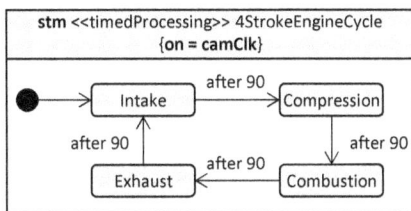

FIG. 3.4 – Exemple d'une machine à états finis liée à une horloge de MARTE (source [André 2007])

Nous considérons un **instant** comme un point défini dans le temps durant lequel un traitement peut être réalisé. Une fois cette notion proprement définie, il est tout aussi essentiel de définir la manière avec laquelle nous pouvons nous référer à un instant, lui associer une date, ou plus généralement lui donner une **sémantique temporelle** ; cette sémantique à été introduite dans TSM grâce aux étiquettes (*tags*).

Notion d'étiquettes

TSM introduit une sémantique de temps à ses évènements en leurs associant des étiquettes (*tags*). Les étiquettes sont des valeurs numériques permettant d'établir un ordre pour les différents évènements possibles d'un système donné. Cette notion est plus générale que le simple fait de marquer une date, elle permet aussi de définir des relations de précédence entre les évènements, ou encore de spécifier des points de synchronisation entre les processus d'un système donné. Notons ici que TSM permet de modéliser aussi bien des MoCs ayant une notion de temps (ex : CT) que des MoCs non temporisés (ex : SDF).

Dans un modèle temporisé, les étiquettes portées par les évènements sont des dates, elles doivent donc être totalement ordonnées pour modéliser la progression du temps. Cela permet aussi de définir la notion de « temps métrique » : la *distance* entre deux étiquettes qui représente la durée entre deux instants au cours du temps.

MARTE reprend aussi cette notion d'étiquette en associant à chaque instant d'une horloge une valeur (*InstantValue*) modélisant la date de l'instant. Ainsi, l'ensemble des instants formant une base de temps dans MARTE sont totalement ordonnés.

L'ordre des étiquettes sert aussi à la causalité ou encore à la synchronisation des processus, nous pouvons ainsi définir des processus suivant des contraintes sur ces étiquettes pour modéliser des systèmes n'ayant aucune notion de temps par exemple, nous développons cette notion dans la section 3.5 de ce chapitre.

3.3 Domaine de temps

En modélisant le temps, nous cherchons à modéliser les différents instants possibles au cours du temps, le temps peut donc être considéré comme un ensemble d'instants. Mais dans un modèle hétérogène composé de sous-modèles régis respectivement par des MoCs différents, la sémantique du temps diffère d'un sous-modèle à un autre. Un modèle de temps doit donc offrir la possibilité de définir différentes échelles de temps modélisant ainsi des sémantiques de temps différentes. Nous appelons *domaine de temps* un ensemble d'étiquettes modélisant une sémantique de temps donnée.

TSM offre la possibilité de spécifier une sémantique de temps différente à chaque *évènement*, en lui associant un ensemble adéquat d'*étiquettes* selon la nature de temps en question (temps continu, temps discret, pas de temps). L'ordre dans un domaine t'étiquette T est dit « partiel » si : $\exists \{t, t'\} \in T \setminus t \not> t' \wedge t' \not> t$.

De même, MARTE offre la possibilité d'associer différentes bases de temps à un modèle hétérogène pour définir plusieurs référentiels temporels. Les horloges de chaque sous-modèle peuvent être associées à une base de temps différente, spécifiant ainsi une sémantique de temps propre à un domaine particulier. Quand des contraintes sont spécifiées entre des instants de bases de temps indépendantes, nous obtenons un modèle de temps dont les instants sont partiellement ordonnés. Nous présentons dans ce qui suit les différentes natures de temps considérées dans TSM et dans MARTE.

3.4 Natures de temps

Théoriquement, nous pouvons distinguer deux natures de temps différentes : le temps continu et le temps discret. La première notion intuitive du temps est celle du temps physique, ou temps continu.

3.4.1 Temps continu

Le temps continu, appelé aussi temps physique, est généralement référé pour définir des fonctions mathématiques continues au cours du temps, des lois physiques, etc. D'une manière générale, l'ensemble des dates associées aux instants dans un temps continu est modélisé par l'ensemble des réels $\mathbb{R}$.

TSM définit le temps continu comme un ensemble totalement ordonné de *tags* T où il n'existe pas deux ouverts disjoints O_1 et O_2 tel que $T = O_1 \cup O_2$. Autrement dit, pour un ensemble de *tags* modélisant un temps continu, il existe toujours un *tag* entre deux *tags* donnés.

Rappelons ici que TSM propose une modélisation mathématique (abstraite) du temps. Mais dans une modélisation informatique où l'on cherche à simuler un temps continu, l'évolution du temps n'est observée qu'a des instants échantillonnés implicitement par la fréquence du processeur qui fait tourner la simulation. Nous parlons dans ce cas d'un temps dense, qui peut être considéré comme une modélisation informatique approximative du temps continu.

Temps dense

MARTE propose une modélisation informatique concrète du temps, il ne fait pas de distinction entre le temps continu et le temps dense. Le temps physique dans MARTE est défini comme un ensemble d'instants totalement ordonnés, indexés par des nombres rationnels. Autrement dit, pour chaque paire d'instants, il existe au moins un instant entre les deux. Cette notion de temps est utilisée pour la modélisation et l'analyse des systèmes temps réel, elle est référée par une horloge idéale (*idealClock*).

La classe *Clock* du méta-modèle de MARTE est une classe abstraite qui n'est jamais instanciée. Pour associer une sémantique de temps dense à un élément d'un modèle de MARTE, nous lui associons une horloge chronométrique (*ChronometricClock*).

Les horloges chronométriques permettent de mesurer une durée entre deux instants. Elles font référence au temps physique (*idealClock*) mais possèdent concrètement un pas fixe définissant leurs période de discrétisation.

Ainsi, l'ensemble des instants d'une base de temps dans MARTE peuvent être discrets ou denses (distinction sémantique), mais dans la pratique, ils sont toujours discrets.

3.4.2 Temps discret

Un temps discret est une discrétisation du temps physique, l'ensemble des dates associées à ses instants est généralement modélisé par l'ensemble des entiers ℕ. Cette notion de temps est utilisée dans la plupart des simulateurs de circuits digitales.

Associer une sémantique de temps discret à un évènement dans TSM revient à spécifier que l'ensemble des étiquettes qui lui sont associées est isomorphe à un sous-ensemble de ℕ avec préservation de l'ordonnancement.

Définir une base de temps discrète dans MARTE revient à spécifier que les dates des instants sont des entiers naturels. Nous parlons dans ce cas d'un temps logique, une notion de temps dédiée à la conception.

Temps logique

Le temps logique est défini dans MARTE grâce aux horloges logiques (logicalClock). Ces horloges modélisent un temps discret dans lequel les instants sont des occurrences d'un évènement discret quelconque. Chaque occurrence d'un évènement est représentée par un tic (*tick*) sur l'horloge correspondante. La distance entre deux tics est mesurée en terme de tics et n'a aucun sens en soi (aucun lien avec les « durées physique) ». Il n'existe donc aucune régularité sur les instants de ces horloges.

Le temps logique permet d'exprimer des contraintes temporelles complexes et exploitables entre différents évènements grâce à des relations de coïncidence ou de précédence. Cette notion de temps est utilisée dans MARTE conjointement avec CCSL, un langage permettant de spécifier des contraintes d'horloges. Nous présentons dans ce qui suit les concepts clés de ces contraintes temporelles et l'intérêt de leur utilisation dans TSM et dans MARTE.

3.5 Contraintes temporelles

Les contraintes temporelles permettent de définir des relations temporelles entre les **instants**. En associant une sémantique temporelle aux instants, nous pouvons synchroniser ces instants en définissant des relations de coïncidence ou de précédence entre eux. L'ordre sur ces instants est induit par l'ordre sur leurs étiquettes.

Les contraintes temporelles sont utilisées dans TSM pour décrire des sémantiques de comportements séquentielles, concurrentes, synchrones, asynchrones, etc. Dans un MoC à rendez-vous de processus séquentiels [Brooks 2008b] par exemple, les évènements associés respectivement à deux processus qui communiquent à un point de rendez-vous sont synchrones, nous pouvons décrire cela par une relation de coïncidence spécifiant que ces évènements sont associés à une même étiquette. Dans un MoC à réseaux de processus (PN) [Brooks 2008b], la communication des processus se déroule via des canaux selon une politique FIFO (First In First Out). En considérant un signal d'entrée s défini par un ensemble d'évènements $\{e_i \setminus i \in \mathbb{N}\}$, et un signal de sortie s' défini par un ensemble d'évènements $\{e'_i \setminus i \in \mathbb{N}\}$, la relation de précédence « $e_i < e'_i$ » permet de spécifier que la lecture dans le canal de communication se déroule avant l'écriture.

MARTE propose aussi de définir des contraintes temporelles entre les instants de ses horloges logiques (*TimeInstantsRelation*), voire des dépendances entre des bases de temps différentes (*TimeBaseRelation*). Ces contraintes temporelles sont utilisées conjointement avec le langage de contraintes d'horloges CCSL.

3.5.1 Le langage de spécification de contraintes d'horloges CCSL

CCSL (Clock Constraint Specification Language) [Mallet 2008] est un langage déclaratif annexé aux spécifications du profil UML MARTE. Il se base sur les horloges définies dans

MARTE qui peuvent être chronométriques ou logiques. Il offre des moyens pour spécifier des contraintes entre ces horloges qui peuvent être classifiées en quatre catégories : synchrones, asynchrones, mixtes et non fonctionnelles. Pour des raisons de clarté, nous utilisons une syntaxe simplifiée de CCSL tout au long de ce chapitre.

(1) Les contraintes d'horloges synchrones se basent sur le concept de coïncidence, tel que **Discretize, SubClock, Coincides** ou **FilteredBy** :

- **Discretize** se base sur l'horloge *IdealClock* qui modélise un temps dense pour définir une horloge chronométrique. L'horloge obtenue par cette contrainte est une discrétisation de *IdealClock* suivant une période de discrétisation ; **Discretize(IdealClock, 0.001)** par exemple définit une horloge chronométrique avec une période de 0.001 *secondes* = 1 *ms*.

- **SubClock(A, B)** signifie que les instants de A sont un sous-ensemble des instants de B. Ainsi, tous les instants de A coïncident forcément avec des instants de B, mais il peut y avoir des instants sur B qui n'ont pas de correspondance sur A.

- **Coincides(A, B)** signifie que tous les instants de A coïncident respectivement avec des instants de B et vice versa.

- **FilteredBy(A, w)** permet de créer une horloge à partir des instants de A selon un motif binaire w formé d'une partie fixe w_{fix} et d'une partie répétitive w_{rep} ($w = w_{fix}(w_{rep})^{\omega} = w_{fix}w_{rep}\ldots w_{rep}\ldots$). Chaque instant de A qui correspond (selon l'ordre de son apparition) à un bit 1 du motif w implique un instant de B. La contrainte **FilteredBy(A, 01(100))** par exemple signifie que seul le deuxième instant de A implique un instant sur l'horloge déterminée ($w_{fix} = 01$), par la suite, seul le premier instant qui précède deux instants consécutifs de A implique un instant sur l'horloge déterminée ($w_{rep} = 100$)(voir figure 3.5).

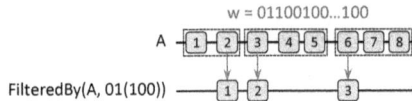

FIG. 3.5 – Exemple d'une contrainte d'horloge *FilteredBy*.

(2) Les contraintes d'horloges asynchrones permettent de spécifier des relations de précédence entre tous les instants respectifs de deux horloges. **Precedes(A, B)** signifie que chaque instant de A précède strictement l'instant correspondant de B comme illustré sur la figure 3.6).

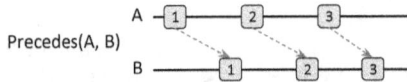

FIG. 3.6 – Exemple d'une contrainte d'horloge *Precedes*.

(3) Les contraintes d'horloges mixtes sont des combinaisons de la coïncidence et de la précédence ; **DelayFor(A, B, n)**, par exemple, définit une horloge où l'ensemble de ses instants coïncident respectivement avec chaque $n^{\grave{e}me}$ instant de B qui succède un instant de A. La figure 3.7 présente le résultat de cette contrainte pour $n = 2$.

(4) Il existe aussi une série d'opérateurs pour définir de nouvelles horloges, tel que **Union, Intersection** ou **SustainUpTo**

- Les opérateurs booléens **Union** et **Intersection** agissent sur des paires d'horloges, ils définissent de nouvelles horloges dont les instants sont déterminés respectivement par l'union et l'intersection des instants de deux horloges comme illustré sur la figure 3.8.

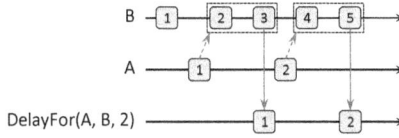

FIG. 3.7 – Exemple d'une contrainte d'horloge *delayedFor*.

- L'opérateur **SustainUpTo(A, B, C)** définit une horloge qui tique à chaque tic de A à partir du premier tic de B et s'arrête au premier tic de C.

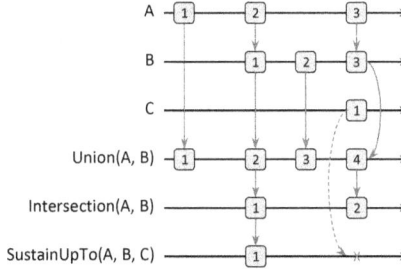

FIG. 3.8 – Exemple des contraintes d'horloges *union*, *intersection* et *sustainUpTo*.

TimeSquare [DeAntoni 2012] est une extension dans Eclipse développée à INRIA Sophia-Antipolis, permettant de calculer les solutions d'un ensemble de contraintes CCSL. Le résultat est affiché dans une interface graphique où chaque horloge est représentée sous forme d'un signal.

3.5.2 Modélisation du MoC SDF avec CCSL

Dans [Mallet 2010], les auteurs proposent une modélisation de la sémantique du MoC SDF avec des contraintes d'horloges CCSL. Pour cela, la première étape et de définir les horloges nécessaires associées à un modèle SDF : une horloge logique est associée à chaque composant SDF (*Actor*), ses instants correspondent aux instants d'observations du composant en question. Aussi, deux horloges logiques *write* et *read* sont associées à chaque relation (*Arc*) entre deux composants SDF, leurs instants correspondent respectivement aux instants d'écriture et de lecture (avec suppression) des jetons sur la relation en question.

La deuxième étape est de définir des contraintes adéquates entre ces horloges pour satisfaire le comportement du MoC SDF. Pour cela, les auteurs déterminent quatre définitions :

- **(1) Precedes(write, read)** concerne les **jetons**. Elle signifie que chaque tic modélisant l'écriture d'un jeton sur une relation donnée doit précéder le tic modélisant sa lecture.

- **(2) Precedes(FilteredBy(read, $(0^{weight-1}1)^{\omega}$), actor)** concerne les **entrées** des composants. Elle signifie que les tics modélisant l'observation d'un composant SDF (*Actor*) doivent succéder respectivement les tics modélisant la lecture d'un nombre fixe de jetons sur l'entrée du composant en question selon son poids (*weight*). Si le poids de l'entrée vaut 1, l'équation se résume à **Precedes(read, actor)**.

- **(3)** actor = **FilteredBy(write,** $(10^{weight-1})^\omega$**)** concerne les **sorties** des composants. Elle signifie que les tics modélisant les instants d'observation d'un composant (*Actor*) coïncident respectivement avec chaque tic modélisant la $n^{ème}$ écriture d'un jeton sur la sortie du composant en question, où $n = weight$. Si le poids de la sortie vaut 1, la contrainte se résume à **Coincides(actor, write)**.

- **(4)** La quatrième définition concerne les **relations** (*Arcs*) entre les composants. Elle est définie par une conjonction d'une entrée **(2)**, d'un jeton **(1)**, et d'une sortie **(3)**.

3.6 Conclusion

En nous basant sur deux modèles de temps différents, nous avons distingué dans ce chapitre deux notions importantes liées au temps : la notion d'instants permettant de définir un point temporel durant lequel un comportement est réalisé, et la notion d'étiquettes sur ces instants qui leur associent une sémantique de temps donnée. Nous avons vu aussi que les contraintes temporelles sont un moyen simple et efficace pour modéliser un comportement donné, voire une sémantique de comportement d'un MoC.

Nous présentons dans le chapitre suivant le principe de la modélisation hétérogène et l'adaptation sémantique entre ses différents sous-modèles. Nous ferons aussi un état de l'art de quelques outils de conception et de simulation de modèles hétérogènes.

Chapitre 4

Modélisation hétérogène

4.1 Introduction

Lors de la conception d'un modèle hétérogène, il devient nécessaire de combiner des paradigmes de modélisation aussi différents que des machines à états, des réseaux de processus, des évènements discrets ou des équations différentielles à temps continu. À la frontière entre deux modèles définis suivant deux paradigmes de modélisation distincts, les transformations des notions de temps, des types de données ou de la façon dont l'exécution d'un modèle est contrôlée sont des tâches essentielles permettant la communication entre ces modèles au cours de la simulation ; elles constituent l'adaptation sémantique entre eux. Par exemple, l'adaptation sémantique entre un modèle à temps continu et un modèle à temps discret se fait naturellement par échantillonnage dans un sens et interpolation dans l'autre.

Pour regrouper des modèles et ainsi former le modèle global d'un système hétérogène, nous distinguons deux techniques de structuration : une structuration horizontale et une structuration verticale [Mbobi 2003, Mbobi 2004]. La première technique consiste à regrouper les différents modèles sur un même niveau, nous obtenons donc un modèle global où l'hétérogénéité entre ses différents sous-modèles est mise à plat. L'adaptation sémantique dans une telle structure est définie entre tous les sous-modèles à un même niveau.

Le travail présenté dans ce mémoire concerne la deuxième technique de structuration : la structuration verticale ou hiérarchique. Nous décrivons le principe d'une telle technique dans la première section de ce chapitre. Nous nous focalisons dans la deuxième section sur les trois aspects d'hétérogénéité entre les modèles, et décrivons dans la troisième section le principe d'adaptation sémantique pour chacun eux. Nous présentons dans la dernière section quelques outils de simulation et de modélisation des systèmes hétérogènes structurés hiérarchiquement.

4.2 Modélisation hétérogène hiérarchique

La principale complexité lors de la modélisation d'un système hétérogène est l'adaptation sémantique entre les sous-systèmes qui le forment. Modéliser hiérarchiquement un système hétérogène permet de contrôler et de maîtriser cette complexité. Nous nous focalisons ici au cas de la modélisation hétérogène par composants basée sur les MoCs (2.2.1).

Le principe de cette approche est de structurer le modèle d'un système hétérogène sous forme d'un arbre hiérarchique de sous-modèles comme représenté sur la figure 4.1 : le modèle global est formé par un modèle racine M1 qui englobe le reste des sous-modèles. Chaque modèle régi par un MoC donné est représenté par un cercle avec un motif différent.

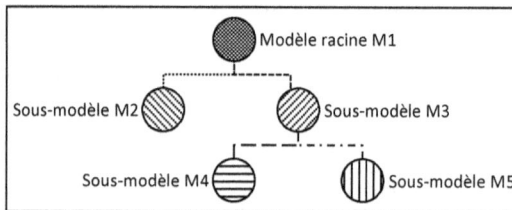

Fig. 4.1 – Modélisation hétérogène hiérarchique

L'avantage d'une telle approche est qu'elle permet de réduire le nombre d'interfaces permettant la communication entre deux sous-modèles, contrairement à une modélisation horizontale où tous les sous-modèles sont mis à plat sur un même niveau. Sur la figure 4.1, chaque interface liant deux sous-modèles régis respectivement par deux MoCs différents est représentée par un trait distinct. Ainsi, l'adaptation sémantique dans un modèle hétérogène conçu selon cette approche est définie par paires de modèles au niveau de chaque interface ; nous développons le principe de cette adaptation dans la partie 4.4 de ce chapitre.

Toutefois, cette approche impose que si un sous-modèle doit être observé à un instant donné au cours de la simulation pour réaliser son comportement, tous les modèles qui l'englobent hiérarchiquement doivent aussi être observés. L'observation d'un modèle peut ainsi impliquer l'observation d'autres modèles même s'ils n'ont aucun comportement à exécuter. Observer le sous-modèle M4 (voir figure 4.1), par exemple, implique l'observation de M3, qui implique celle de M1.

4.3 Hétérogénéité des modèles

Un état de l'art de la modélisation multi-paradigmes ainsi que la source de l'hétérogénéité des modèles est présenté dans [Hardebolle 2008], où quatre axes ont été déterminés suivant le cycle de développement en V d'un système : l'hétérogénéité des domaines, quand un système donné implique différents domaines métiers (traitement de signal, automatique, contrôle, logiciel, matériel, etc), l'hétérogénéité des niveaux d'abstraction, quand on conçoit le système sur différents niveaux de détails, l'hétérogénéité des vues, quand on projette une partie d'un système selon différentes perspectives (aspects fonctionnels et non fonctionnels par exemple), et enfin, l'hétérogénéité des activités due aux différentes phases du cycle de développement d'un système (génération de code, validation, etc). Nous nous intéressons dans ce mémoire à l'hétérogénéité des domaines.

La complexité et la diversité croissante des systèmes rend leur modélisation une tâche fastidieuse, elle nécessite une décomposition du modèle global en un ensemble de sous-modèles plus simples. Chaque sous-modèle représente un domaine métier distinct du système global, impliquant ainsi un paradigme de modélisation approprié.

Nous avons vu dans la section 2.2.1 que chaque paradigme de modélisation est caractérisé selon trois aspects différents : la sémantique des données échangées entre les composants d'un modèle, la sémantique de temps que partagent ces composants, et la sémantique de contrôle qui définit le type de communication entre ces composants, leurs ordre d'exécution, etc.

4.3.1 Hétérogénéité des données

La sémantique des données diffère d'un paradigme de modélisation à un autre. Dans un modèle DE, par exemple, les composants communiquent en postant des évènements composés d'une valeur et d'une date ; dans un modèle SDF, les composants consomment et produisent des échantillons d'un flux de données ; dans un modèle FSM (automate), les données sont de simples symboles qui peuvent déclencher des transitions.

Cette hétérogénéité impose une adaptation sémantique dans un modèle hétérogène permettant l'échange de données entre des sous-modèles régis par des MoCs différents.

4.3.2 Hétérogénéité du temps

La sémantique de temps diffère aussi d'un paradigme de modélisation à un autre. Prenons l'exemple du fonctionnement du thermostat d'un radiateur permettant de fixer la température ambiante d'une salle, fixée entre un seuil minimum et un seuil maximum. Cet exemple a été conçu dans Ptolemy II et est disponible sur le site dédié à la plateforme [Liu].

La figure 4.2 présente la modélisation du système du thermostat qui est décomposé en deux sous-modèles : (1) un automate avec deux états possibles *heating* et *cooling* définissant respectivement l'état de mise en marche et d'arrêt du radiateur, (2) et un sous-modèle CT modélisant les équations de la montée et de la descente de la température de la salle.

La simulation de l'exemple est illustrée sur la figure 4.3 : le modèle global d'un tel système met en relation deux sous-modèles ayant deux sémantiques de temps différentes : un temps continu chronologique, modélisé sous forme de durées et pris en considération par les équations qui déterminent la température ambiante (courbe rouge), et un temps discret défini par les instants de passage de l'automate d'un état à un autre suite à un dépassement d'un seuil (traits en bleu modélisant le seuil maximum et le seuil minimum de la température). Ces instants sont considérés dans ce cas comme un ensemble de dates représentées par des étiquettes.

Notons aussi que la sémantique de la durée temporelle peut différer entre deux modèles à temps continu, quand on cherche à modéliser, par exemple, les différents rythmes auxquels le temps s'écoule dans un satellite GPS et dans un récepteur GPS sur terre comme prédit par la relativité générale, où encore, pour modéliser la relation entre les angles de rotation d'un vilebrequin et d'un arbre à cames dans un moteur.

De plus, certains modèles n'ont aucune échelle temporelle (ex : modèle SDF), la sémantique de temps dans ce cas est réduite à une suite d'instants auxquels se produisent des événements. Ainsi, une adaptation sémantique du temps est tout aussi nécessaire dans un modèle hétérogène. Cette adaptation doit offrir la possibilité d'associer une date à chaque donnée reçue par un modèle temporisé selon l'échelle de temps du modèle en question.

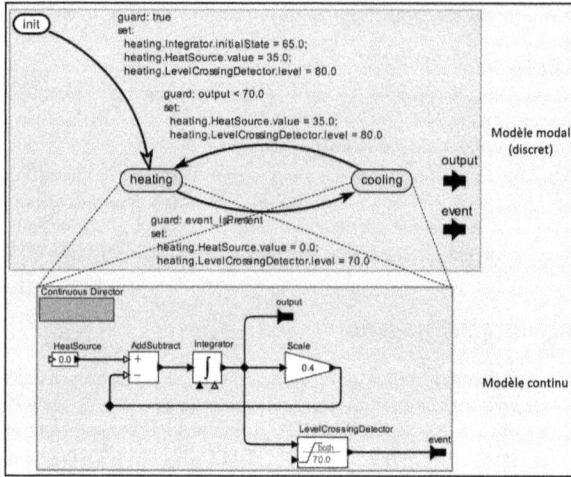

FIG. 4.2 – Modélisation d'un système hétérogène : *Thermostat*

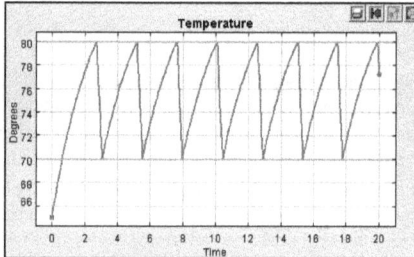

FIG. 4.3 – Résultat de la simulation du système *Thermostat*

4.3.3 Hétérogénéité du contrôle

Le contrôle définit l'ensemble des instants durant lesquelles les composants d'un modèle sont observés pour réaliser leurs comportement. Ces instants diffèrent toutefois d'un modèle de calcul à un autre. Ils sont aléatoires et peuvent se produire à n'importe quelle date dans un modèle temporisé (ex : DE, TFSM), ils sont déclenchés dans ce cas par des évènements en entrée du modèle, ou encore par la fin d'un délai temporel (ex : transition temporisée dans TFSM). Ces instants de contrôle peuvent aussi être déterminés successivement et ne sont liés à aucune échelle de temps dans le cas d'un modèle non temporisé (ex : SDF).

L'hétérogénéité du contrôle dans un modèle hétérogène hiérarchique impose donc la spécification d'une adaptation sémantique permettant d'adapter les instants de contrôle entre chaque paire de sous-modèles qui communiquent entre eux.

4.4 Adaptation sémantique

L'adaptation sémantique est la principale complexité dans la modélisation multi-paradigme. Nous considérons que cette adaptation est un choix de conception qui ne peut pas être défini automatiquement, cette adaptation doit apparaitre explicitement dans le modèle global pour permettre au concepteur de la spécifier. Nous pouvons toutefois définir des patrons d'adaptation paramétrables par le concepteur pouvant être utilisés dans différents modèles.

Nous présentons dans ce qui suit le principe de chaque type d'adaptation sémantique en se basant sur l'exemple d'un système hétérogène présenté sur la figure 4.4. Ce système est modélisé hiérarchiquement par trois paradigmes de modélisations différents : un modèle racine DE contenant un sous-modèle TFSM et un sous-modèle SDF. L'adaptation sémantique doit être spécifiée au niveau de chaque interface séparant deux modèles régis par deux MoCs différents (rectangles avec des traits pointillés sur la figure).

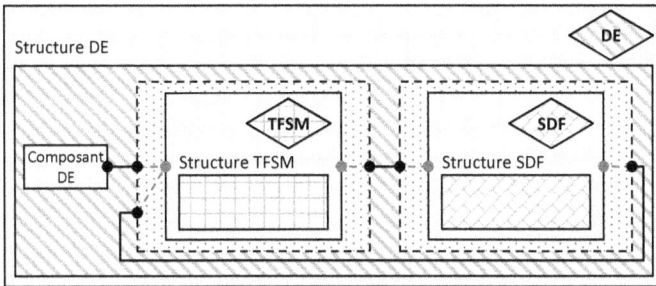

FIG. 4.4 – Exemple d'un modèle hétérogène hiérarchique

4.4.1 Adaptation sémantique des données

L'adaptation sémantique la plus évidente à définir entre les modèles de calcul est celle des données. L'adaptation des données entre DE et TFSM, par exemple, peut être réalisée en définissant une équivalence entre les symboles considérés par TFSM d'une part, et les valeurs des évènements DE d'une autre part.

L'adaptation des données entre DE et SDF est moins triviale en raison de l'hétérogénéité du contrôle entre eux : les données reçues par un modèle DE sont immédiatement pris en considération, alors que les données reçues par un modèle SDF ne sont prises en considération par ce dernier qu'à sa prochaine itération. Une solution possible est d'interpréter la valeur d'un évènement DE reçu par un modèle SDF comme une nouvelle valeur à sa prochaine itération (instant de contrôle), et réciproquement, un changement de valeur dans le flux de données produit par le modèle SDF comme un évènement DE.

4.4.2 Adaptation sémantique du temps

L'adaptation sémantique du temps revient à spécifier des relations entre les différentes échelles de temps définies dans un modèle hétérogène, permettant à chaque pas de simulation du modèle global d'associer une date courante à chacun de ces sous-modèle temporisés selon leurs échelles de temps respectives.

Quand un évènement DE est généré pour refléter un changement d'un signal SDF par exemple, une adaptation sémantique possible du temps est d'associer à cet évènement le temps courant du modèle DE lors du changement de valeur du signal SDF.

Pour spécifier l'adaptation sémantique du temps entre un modèle DE et un modèle TFSM, nous pouvons supposer que TFSM réagit instantanément à la présence de symboles sur son interface, et qu'il utilise aussi le temps courant dans DE comme date pour les évènements qu'il produit. Toutefois, le temps peut aussi activer des transitions temporisées dans un modèle TFSM. Cependant, la durée d'une transition temporisé est exprimée sur une échelle de temps locale dans le modèle TFSM. En supposant qu'une telle transition puisse générer un évènement destiné au modèle DE, sa durée d'activation doit avoir une correspondance dans le temps DE.

Si, pour des raisons de simplicité, nous considérons que le temps s'écoule à la même vitesse dans les deux modèles DE et TFSM, une adaptation possible du temps entre ces deux modèles consiste à remettre à zero un *minuteur* à chaque fois que le modèle TFSM rentre dans un nouvel état, et ainsi mesurer le temps écoulé dans DE depuis que l'automate est rentré dans cet état. Cette adaptation reste toutefois restrictive à un cas particulier.

4.4.3 Adaptation sémantique du contrôle

L'adaptation sémantique du contrôle est celle qui est la plus complexe à spécifier, elle est fortement liée à celles du temps et des données. La figure 4.5 illustre l'adaptation du contrôle dans le modèle hétérogène présenté sur la figure 4.4. Sur cette figure, nous représentons le contrôle de chaque sous-modèle sous la forme d'une horloge définie par une ligne de temps (flèche noire), les tics sur chaque ligne de temps représentent les instants de contrôle de chaque sous-modèle. Les flèches représentent l'adaptation du contrôle réalisée entre les sous-modèles.

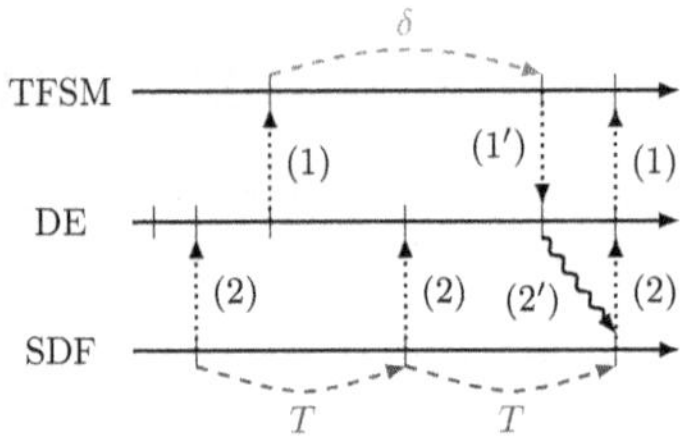

FIG. 4.5 – Adaptation du contrôle

Quand le modèle DE produit un évènement sur l'entrée du modèle TFSM, le contrôle doit être fourni au modèle TFSM afin de prendre en considération l'évènement nouvellement reçu et passer éventuellement à un autre état. Ceci est représenté par les flèches portants l'étiquette (1) sur la figure. Le contrôle est créé réciproquement dans le modèle DE quand le modèle TFSM produit une sortie (flèche (1')). Si le modèle TFSM entre dans un état ayant une transition sortante temporisée, il doit avoir un instant de contrôle quand le délai δ expire afin d'activer la transition et changer d'état (flèche rouge nommée δ sur la figure).

Quant à l'adaptation entre le modèle racine DE et le sous-modèle SDF, la nature échantillonnée des signaux SDF impose le contrôle périodique du modèle (flèches nommées T en bas de la figure). Puisque ce modèle est embarqué dans le modèle DE, le contrôle dans DE à une partie périodique induite par le modèle SDF. Cette adaptation est représentée par des flèches nommées (2) sur la figure 4.5. Par contre, quand des données sont fournis par le modèle DE et disponibles sur l'interface du modèle SDF, ces données ne doivent pas créer un contrôle directement dans le modèle SDF. Elles doivent être prises en considération lors du prochain instant de contrôle (périodique) de SDF, comme montré par la flèche ondulée nommée (2') sur la figure 4.5.

L'adaptation du contrôle dépend donc des données et du temps, mais doit aussi obéir aux règles qui dépendent des modèles de calculs.

4.5 Outils de modélisation et de simulation des systèmes hétérogènes

L'objectif de ce travail de thèse est de modéliser explicitement l'adaptation sémantique dans un modèle hétérogène structuré hiérarchiquement, pour ainsi pouvoir le simuler avec un moteur d'exécution et permettre l'étude de son comportement. Il existe différentes plateformes de conception qui offrent la possibilité de simuler des modèles hétérogènes [Carloni 2006]. Nous présentons dans cette section celles qui se rapprochent le plus à notre contexte et se focalisons sur la modélisation hétérogène dans ces plateformes et particulièrement sur l'adaptation sémantique.

Nous avons intégré la solution proposée par ce travail de thèse dans la plateforme ModHel'X pour concrétiser notre approche. Pour cela, nous détaillons davantage la modélisation hétérogène dans cette plateforme ainsi que son algorithme de simulation en dernière partie de ce chapitre.

4.5.1 Simulink/Stateflow

Simulink [The MathWorks c] et Stateflow [The MathWorks d] sont deux plateformes interactives intégrées dans l'environnement MATLAB [The MathWorks b] et commercialisées par *MathWorks*.

Simulink est un environnement de simulation permettant d'analyser des modèles hétérogènes impliquant à la fois un temps discret et un temps continu. Il offre un éditeur graphique permettant de modéliser des systèmes pouvant être linéaires, non linéaires, à temps discret ou continu, à variables multiples, etc.

Un modèle dans Simulink est structuré par l'interconnexion de composants à travers leurs ports, chaque composant définit une opération donnée, tous sont regroupés dans une bibliothèque propre à Simulink et organisés selon leurs natures. Nous citons par exemple des composants impliquant un temps continu (dérivateur, intégrateur, fonction de transfert, etc), des composants impliquant un temps discret (intégrateur à temps discret, retardateur permettant de rajouter un délais sur un signal d'entrée grâce une période fixe ou variable, etc), ou encore des opérations mathématiques (gain, addition, division, soustraction, etc).

Simulink permet une modélisation hiérarchique grâce à des composants appelés « sous-systèmes » (*subsystems*). Un sous-système peut être défini par l'interconnexion de composants ou d'autres sous-systèmes et peut être utilisé comme étant un composant d'un modèle global.

Stateflow est un outil de modélisation et de simulation permettant de modéliser le contrôle dans un système à partir de machines à états finis et de diagrammes de flux. Les machines à états finis sont construites par des diagrammes d'états, des tables de transition d'états et des matrices de transition d'états. Les diagrammes de flux, les fonctions Matlab et les tables de vérité sont utilisées pour représenter les algorithmes.

Stateflow propose aussi un environnement graphique pour concevoir et simuler de tels systèmes. De plus, chaque état d'un automate Stateflow peut être raffiné par un diagramme Stateflow permettant la modélisation d'automates hiérarchiques. Un modèle Stateflow peut être intégré comme sous-modèle d'un système défini dans Simulink, permettant ainsi l'interaction entre les deux outils.

Lors de la simulation d'un modèle hétérogène, le moteur d'exécution de Simulink se base sur un temps continu uniforme pour tout le modèle global. Chaque signal discret est pris en compte comme étant un ensemble de signaux continus. L'entrée d'un composant impliquant un temps discret, par exemple, est échantillonnée à des multiples de son paramètre définissant le pas d'échantillonnage, alors que sa sortie est considérée comme un signal continu constant par morceaux. Une partie de la sémantique de comportement du modèle est ainsi définie dans l'algorithme de simulation du moteur d'exécution, un concepteur doit alors bien comprendre le comportement du moteur d'exécution pour bien définir son modèle et éviter un comportement inattendu de ce dernier au cours de sa simulation.

La simulation d'un modèle hétérogène faisant interagir des modèles conçus à l'aide des deux outils est effectué selon le principe de la co-simulation, où le contrôle est alternativement donné au moteur d'exécution de Simulink et celui de Stateflow. L'interaction entre ces deux outils s'effectue à l'interface entre les données (dans Simulink) et les évènements (dans Stateflow).

Un cas d'étude d'un système de lève-vitre automatique d'une voiture est disponible sur le site de *The Mathworks* [The MathWorks a]. Il illustre la composition hétérogène d'un modèle SDF (Simulink) et d'un modèle TFSM (Stateflow). L'adaptation sémantique entre Simulink et Stateflow est spécifiée explicitement grâce à des tables de vérité pour représenter les gardes des transitions dans TFSM, et des fonctions mathématiques pour interpréter le flux de données généré par SDF. Toutefois, cette approche est spécifique et elle ne peut pas s'appliquer à d'autres paires de MoCs. À titre d'exemple, spécifier l'adaptation sémantique entre DE et SDF nécessite un mécanisme de transformation d'un flux de données SDF en une série d'évènements DE et vice-versa.

Les modèles conçus par ces deux outils n'ont pas une sémantique formelle mais restent pourtant, intégrés dans MATLAB, la référence pour la modélisation des systèmes faisant interagir aussi bien du temps discret que du temps continu [Caspi 2003, Scaife 2004, Klee 2007]. Différents travaux ont été réalisés pour permettre la vérification formelle de modèles conçus par Simulink/Stateflow et Matlab, notons par exemple les travaux dans [Agrawal 2004] où les auteurs proposent un processus de transformation de modèles permettant d'obtenir une forme standard d'automates hybrides à partir de modèles conçus par ces outils.

4.5.2 MODELICA

MODELICA [Fritzson 1998] est un langage orienté objet permettant une modélisation hiérarchique des systèmes physiques. Un modèle est une classe composée d'un ensemble de variables et de méthodes. Les variables sont associées à un type donné, certains types sont prédéfinis dans MODELICA tel que *Integer*, *Real*, *Boolean* ou encore *String*, d'autres types peuvent être définis par le concepteur en déclarant de nouvelles classes.

Une variable peut faire référence à un temps continu ou à un temps discret, elle peut aussi être un paramètre ou une constante. Si la variable v fait référence à un temps continu, l'opérateur prédéfini $der(v)$ permet de déterminer la dérivée de cette variable par rapport au temps. Les constantes et les paramètres d'un modèle restent fixes au cours de la simulation.

Les méthodes définissent le comportement d'un modèle. Dans les approches de conception à base de composants, le concepteur définit la structure d'un modèle en spécifiant des relations entre ses composants. Chaque relation permet de connecter la sortie d'un composant à l'entrée d'un autre pour combiner leurs comportements. Les relations dans MODELICA sont définies selon une autre approche : elles sont spécifiées en définissant des équations non-causales impliquant les variables du modèle.

Chaque méthode d'un modèle conçu dans MODELICA est spécifiée par un ensemble d'équations, leurs ordre d'apparition n'a pas d'importance, l'important est que ces équations soient satisfaites. Une méthode peut aussi contenir un algorithme spécifiant une séquence d'instructions. Chaque instruction est une affectation d'une variable à une autre, l'ordre des instructions est dans ce cas important.

MODELICA fournit aussi des instructions de contrôle (*if* et *when*), ou encore des instructions de boucles (*while* et *for*). Ces instructions peuvent être utilisées dans les méthodes ainsi que dans les fonctions, elles permettent de définir des équations discrètes. Quand les conditions déclarées par ces instructions deviennent vraies, cela correspond à une activation d'un évènement à un instant donné, ce qui active l'ensemble des équations ou des affectations définies dans les clauses de ces instructions.

Différents exemples de modèles conçus dans Modelica sont présents dans le tutoriel dédié à cet outil [Fritzson 2012], la figure 4.6 présente l'exemple du modèle *BouncingBall* modélisant le rebondissement d'une balle en chute libre d'une hauteur h et de vitesse v.

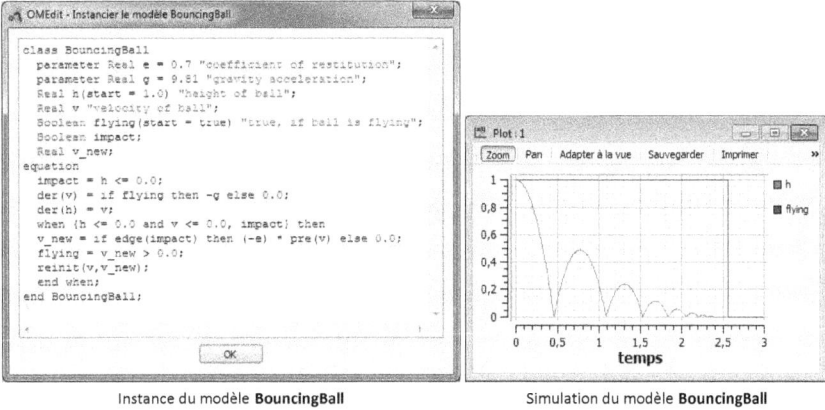

Instance du modèle **BouncingBall**   Simulation du modèle **BouncingBall**

FIG. 4.6 – Exemple d'un modèle dans Modelica

La hiérarchie des modèles est spécifiée dans MODELICA grâce à l'héritage. Un modèle peut hériter d'un autre modèle suivant le même principe de l'héritage que celui dans JAVA. Les variables impliquées dans des équations permettant de connecter deux modèles sont de type *connector*.

Un modèle dans MODELICA est donc défini par un ensemble d'équations et d'algorithmes, cela peut être considéré comme un atout majeur étant donné que le concepteur n'a plus à spécifier des dépendances entre des signaux, il définit plutôt un ensemble d'équations qui doivent être satisfaites.

L'hétérogénéité dans MODELICA est un peu particulière, elle est relative à la sémantique de ses éléments. Cette hétérogénéité est présente entre les équations des modèles qui définissent un comportement non-causal d'une part, et les algorithmes des modèles qui définissent un comportement séquentiel d'autre part. Notons aussi l'hétérogénéité entre les équations discrètes permettant de spécifier un contrôle dans un modèle d'une part et les équations continues d'autre part. L'adaptation sémantique relative à cette hétérogénéité est définie implicitement par la syntaxe du langage.

4.5.3 Ptolemy II

Ptolemy II, introduit précédemment dans la partie 2.2.1, permet la conception et la simulation de modèles hétérogènes à base de MoCs. Ces modèles sont structurés hiérarchiquement grâce à des acteurs composites. Chaque acteur composite appartient à un modèle régi par un MoC donné et peut contenir un modèle interne régi par un MoC différent.

Ptolemy II possède aussi un environnement graphique qui facilite la tâche des concepteurs lors de la modélisation et la simulation d'un système hétérogène. Il supporte un large choix de MoCs permettant de définir des modèles aussi variés que des modèles à temps continu, différentes sémantiques de modélisation à évènements discrets, différentes sémantiques de modélisation à flots de données, des machines à états finis et différentes sémantiques de modélisation de réseaux de processus.

Cependant, l'adaptation sémantique permettant la combinaison des MoCs dans un modèle hétérogène est fixée et codée dans le noyau de la plateforme. Cela peut être considéré comme une restriction qui force le concepteur d'un modèle hétérogène à se baser sur cette adaptation sémantique par défaut pour obtenir le comportement attendu de son modèle lors de sa simulation.

4.5.4 ModHel'X

ModHel'X [Hardebolle 2009b, Boulanger 2008] est une extension et une généralisation de Ptolemy II. C'est une plateforme expérimentale de conception et de simulation de modèles hétérogènes développée à Supélec. Un des points forts de cet outil est son niveau d'abstraction qui le rend générique et nous offre la possibilité de modéliser et de spécifier la structure de n'importe-quel système hétérogène. Pour cela, ModHel'X se base sur un méta-modèle commun à tous les modèles indépendamment de leurs sémantiques (figure 4.7).

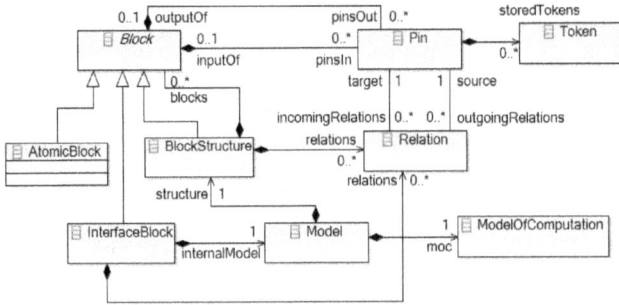

FIG. 4.7 – Méta-modèle générique de ModHel'X

Dans ModHel'X, chaque modèle est régi par un MoC (*ModelOfComputation*) qui définit la sémantique de sa structure formée par un ensemble de composants (*Blocks*). Les composants sont les éléments de base pour définir un comportement dans ModHel'X. Ce sont des entités observables qui sont considérées comme des boîtes noires. Ils possèdent un comportement visible uniquement sur leur interface constituée de ports (*Pins*).

Les composants d'un modèle sont connectés grâce à des relations entre leurs interfaces. Ces relations n'ont pas de comportement implicite ; elles permettent simplement de définir une structure combinant le comportement des composants.

Les données dans ModHel'X sont représentées par des jetons (*Tokens*). Il peut y avoir plusieurs jetons sur un port d'un composant. La sémantique d'un jeton est spécifiée pour chaque MoC selon sa sémantique de données. Les jetons dans un modèle DE, par exemple, possèdent une date et une valeur, tandis que les jetons dans un modèle SDF ne possèdent qu'une valeur.

La modélisation hétérogène dans ModHel'X est structurée hiérarchiquement grâce aux composants d'interfaces (InterfaceBlocks). Chaque composant d'interface permet de définir un lien vertical entre un modèle externe et un sous-modèle interne. L'adaptation sémantique dans Mod-Hel'X est donc définie par paire de modèles au niveau de chaque composant d'interface.

Algorithme de simulation de ModHel'X

La simulation d'un modèle dans ModHel'X se déroule pas à pas : chaque pas de simulation correspond à un instant d'observation appelé *snapshot*, durant lequel le contrôle est donné aux composants sources à observer.

Une observation d'un composant correspond à une mise à jour de l'état de ses interfaces : il traite les données reçues sur ses entrées et produit des données sur ses sorties selon la sémantique de son comportement. Les données produites sont propagées selon la sémantique et la structure du modèle en question, ce qui peut déclencher l'observation d'autres composants. Un *snapshot* est terminé quand il ne reste plus de composant pouvant être observé à cet instant.

Pour simuler un modèle hétérogène dans ModHel'X, nous associons le modèle racine de ce dernier au moteur d'exécution de la plateforme. Les appels des différentes fonctions du modèle racine sont propagés tout au long du modèle global selon sa hiérarchie grâce au polymorphisme.

La figure 4.8 représente la structure générale de l'algorithme de simulation de ModHel'X, chaque rectangle modélise un appel d'une fonction abstraite. La sémantique de ces fonctions diffère d'un MoC à un autre selon la sémantique de son comportement, elles doivent être redéfinies pour chaque MoC.

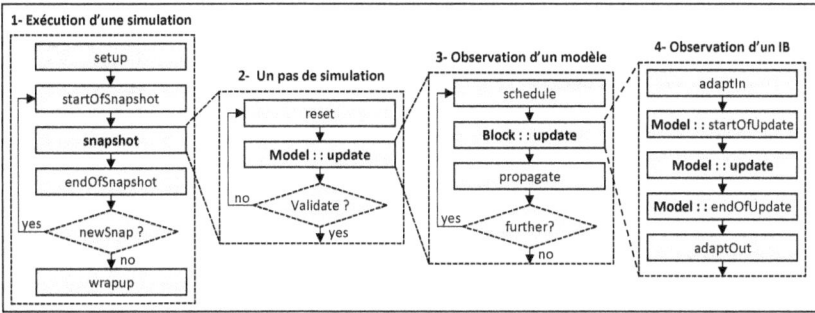

FIG. 4.8 – Algorithme de simulation de ModHel'X

Avant d'exécuter les différents pas de simulation, le moteur d'exécution fait appel à la fonction *setup* pour préparer le modèle global. Chaque pas de simulation mène à une boucle (deuxième bloc de la figure) : tant que l'observation du modèle global n'est pas validée, ce dernier est remis à son état initial au début du pas courant de simulation et est de nouveau observé. Quand un pas de simulation est validé, le moteur d'exécution met à jour le modèle global à son nouvel état par l'appel de la fonction *endOfSnapshot*.

Pour assurer une exécution déterministe de la simulation, les différents composants du modèle global sont observés successivement. L'observation d'un modèle mène ainsi à une deuxième boucle (troisième bloc de la figure) : (1) la première étape consiste à déterminer le prochain composant à observer durant ce pas de simulation, elle est effectuée par l'appel de la fonction *schedule* et dépend de la sémantique du MoC qui régi le modèle. (2) Ce composant est alors observé (*update*) pour réaliser son comportement et produire le résultat sur ses interfaces de sortie. (3) Les données produites peuvent générer du contrôle impliquant l'observation d'autres composants, elle sont alors propagées (*propagate*). Le moteur d'exécution sort de cette boucle quand il n'existe plus de composants pouvant être observés à cet instant.

Au cours d'une simulation d'un modèle hétérogène, les appels de fonctions du modèle racine sont propagés vers ses sous-modèles grâce aux composants d'interface qui délèguent l'appel à leurs modèles internes. L'observation d'un composant d'interface est présentée dans le quatrième bloc de la figure 4.8 . Les fonctions *adaptIn* et *adaptOut* permettent au concepteur de spécifier explicitement l'adaptation sémantique du contrôle, du temps et des données entre deux modèles, en entrée et en sortie du modèle interne [Boulanger 2011]. Cette adaptation sémantique est réalisée de façon ad-hoc : chaque adaptation sémantique entre une paire de MoCs est spécifiée dans une instance d'un composant d'interface par du code JAVA, ce qui est une tâche fastidieuse, source d'erreurs et requière d'un concepteur d'être familier avec JAVA.

4.6   Conclusion

Nous avons vu dans ce chapitre les différents aspects d'hétérogénéité qu'un modèle peut avoir, à savoir l'hétérogénéité du temps, du contrôle et des données. Après avoir présenté ces trois aspects et le principe de l'adaptation sémantique entre eux, nous avons présenté quatre outils de conception et de simulation de modèles hétérogènes et nous nous sommes focalisés sur l'hétérogénéité des modèles qu'ils permettent de concevoir. L'adaptation sémantique définie dans ces outils est implicite : elle est soit spécifiée de façon ad-hoc (ex : ModHel'X), soit fixée dans le noyau de la plateforme et donc effectuée de manière prédéterminée (ex : Ptolemy II).

Par ce chapitre, nous marquons la fin de l'état de l'art de ce mémoire ; nous présentons dans la prochaine partie notre contribution. Nous nous plaçons dans le contexte de la modélisation hétérogène hiérarchique à base de composants, et nous proposons une approche permettant de modéliser l'adaptation sémantique du temps et du contrôle entre les MoCs. Cette adaptation doit être définie explicitement pour que son interprétation soit précise, elle doit aussi être bien définie pour offrir la possibilité de vérifier les propriétés des modèles.

Deuxième partie

Contribution

Chapitre 5

Première approche avec CCSL

5.1 Introduction

L'objectif du travail présenté dans ce mémoire est de modéliser l'adaptation sémantique entre les MoCs pour la simulation des modèles hétérogènes hiérarchiques à base de composants. En nous inspirant des travaux de [Mallet 2010] qui propose une description de la sémantique de SDF grâce à des contraintes d'horloges CCSL, nous avons exploré une première approche dans laquelle nous utilisons CCSL pour modéliser cette adaptation sémantique [Boulanger 2012].

Pour décrire l'adaptation sémantique d'un modèle hétérogène avec des contraintes CCSL et le simuler avec ModHel'X, nous devrions intégrer *TimeSquare*, le solveur CCSL, dans ModHel'X. Toutefois, étant données les différences fondamentales entre les deux outils, nous avons d'abord préféré expérimenter notre approche uniquement avec CCSL afin de la valider. Pour cela, nous nous somme focalisés sur le cas d'un système hétérogène composé de trois sous-modèles régis respectivement par les MoCs DE, TFSM et SDF, modélisé selon l'approche hiérarchique par composants.

La première étape à effectuer pour expérimenter notre approche est de modéliser notre exemple de modèle hétérogène par des contraintes CCSL. Nous présentons dans la première section de ce chapitre comment des modèles régis par les MoCs TFSM, SDF et DE peuvent être décrits par ces contraintes d'horloges. Notons ici que les contraintes d'horloges CCSL utilisées tout au long de ce chapitre sont présentées dans la partie 3.5.1 de ce mémoire.

La deuxième étape est de spécifier l'adaptation sémantique à partir de contraintes CCSL. Nous présentons dans la deuxième section de ce chapitre comment l'adaptation sémantique entre DE et SDF d'une part et entre DE et TFSM d'une autre part, peuvent être décrits par ces contraintes. Nous avons conclu que cette approche était certes prometteuse mais limitée. Nous présentons ces limites dans la quatrième section de ce chapitre et nous terminons par une conclusion.

5.2 Modélisation des MoCs

Nous présentons dans cette section notre approche pour modéliser la sémantique des MoCs DE, TFSM et SDF à partir de contraintes d'horloges CCSL. Nous rappelons que l'intérêt de cette modélisation est de pouvoir simuler le comportement d'un modèle hétérogène avec *TimeSquare*.

5.2.1 Description de la sémantique de TFSM avec CCSL

Dans CCSL, toutes les horloges doivent être des sous-horloges d'une horloge racine. Pour décrire un modèle TFSM, nous choisissons de définir explicitement une horloge chronométrique appelé *chronoTFSM*. Cette horloge sert à plusieurs fins : elle mesure les durées des transitions temporisées, les événements d'entrée du modèle TFSM (modélisés par des sous-horloges de *chronoTFSM*) se produisent à des instants de cette horloge, l'automate réagit donc à des instants de cette horloge.

Pour simuler le comportement d'une machine à états finis, nous devons mémoriser son état courant. Pour chaque état S, nous utilisons une horloge *enterS* qui tique quand une transition permettant d'entrer dans S devient possible, ainsi qu'une horloge *inS* qui tique à chaque instant de *chronoTFSM* tant que l'automate est à l'état S. *enterS* représente ainsi la *condition* pour entrer dans l'état S tandis que *inS* permet de *mémoriser* l'état courant.

Pour définir la famille des horloges *enterS*, nous devons d'abord décrire quand une transition est activée. Une transition non temporisée T sortante d'un état S à la réception d'un évènement E est activée quand sa garde est vraie (E se produit) et que l'état courant est S. Par conséquent, l'horloge modélisant les instants d'activations de T peut être définie comme étant l'intersection de E et de *inS* :

T = Intersection(E, inS)

Pour une transition temporisée T sortante de S après d unités de temps, l'évènement permettant d'activer T est dérivé de *enterS* :

T = Intersection(DelayFor(enterS,chronoTFSM,d), inS)

Nous sommes à présent en mesure de définir l'horloge *enterS* d'un état S ayant des transitions entrantes $T_1, \ldots, T_n$. Si S n'est pas l'état initial, l'automate entre dans l'état S quand l'une de ses transitions entrantes est activée. Ainsi, *enterS* peut être définie comme étant l'union de ces transitions :

enterS = Union(T1, T2, ..., Tn)

Pour chaque état S, l'automate est dans l'état S à l'instant qui vient juste après l'activation d'une transition entrante de S. Nous définissons d'abord l'ensemble de ces instants par l'horloge *enteredS* :

enteredS = DelayFor(enterS, chronoTFSM, one)

Ainsi, l'horloge *inS* peut être définie comme étant l'ensemble des instants entre chaque instant de *enteredS* et chaque instant de l'horloge union de (*inS'*, *inS"*, ...), où S', $S"$, ... est la liste des états successeurs de S :

inS = sustainUpTo(chronoTFSM, enteredS, Union(inS', inS", ...))

Toutefois, si S représente l'état initial, l'automate est dans l'état S au premier instant de la simulation. Pour cela, nous définissons une horloge *initial* qui possède un seul instant correspondant au premier instant de *chronoTFSM* et nous rajoutons *initial* aux conditions pour que l'automate soit dans l'état S :

initial = FilterBy(chronoTFSM, 1(0))

enteredS = Union(initial, DelayFor(enterS, ...))

Les évènements produits par l'automate sont aussi modélisés par des horloges. Un évènement E sortant de l'automate est produit quand l'une des transitions qui permettent de le produire est activée. En considérant que $T_1, \ldots, T_n$ est l'ensemble de ces transitions, nous pouvons définir une horloge E qui tique à chaque production de l'évènement E, comme étant l'union de ces transitions :

$E = \text{Union}(T1, T2, ..., Tn)$

5.2.2 Description de la sémantique de DE avec CCSL

Nous décrivons à présent notre méthodologie pour traduire un modèle DE en un ensemble de contraintes CCSL. Nous définissons tout d'abord une horloge chronométrique *chronoDE* pour mesurer le temps. Toutes les horloges que nous présentons dans ce qui suit sont des sous-horloges de *chronoDE*.

Le principal objectif lors de la simulation d'un modèle DE est de déterminer les instants d'observation (de mise à jour) de ses composants. Pour cela, nous associons à chaque composant B d'un modèle DE une horloge *updateB* qui tique à chaque observation de B.

Quand un composant est observé, il est susceptible de consommer des évènements à partir de ses entrées et d'en produire sur ses sorties. Pour cela, nous associons aussi une horloge à chaque port d'un composant, cette horloge tique à chaque fois qu'un évènement DE est reçu ou produit sur ce port. Pour un port X, nous appelons cette horloge *inputX* ou *outputX* selon la nature du port en question.

La sémantique de DE implique les contraintes suivantes sur ces horloges : (a) les horloges associées à des ports connectés doivent coïncider, et (b) l'horloge associée à un composant est égale à l'union de toutes les horloges associées à ses ports. Si un composant B, par exemple, possède i entrées et j sorties ($i, j \in \mathbb{N}$) et est connecté par son port de sortie *outputX* à l'entrée *inputY* d'un autre composant, nous définissons les contraintes suivantes :

(a) **Coincides(outputX, inputY)**

(b) **Coincides(updateB, Union(input$_1$, ...,input$_i$, output$_1$,...,output$_j$))**

Pour simuler notre modèle hétérogène dans *TimeSquare*, nous devons aussi prendre en compte les valeurs des évènements DE. Cependant, CCSL ne dispose d'aucun mécanisme permettant de représenter des données. Nous proposons donc de représenter chaque valeur possible d'une donnée associée à un évènement DE par une horloge. Si les évènements présents sur un port X d'un composant ont deux valeurs possibles 0 ou 1, nous définissons alors les horloges *outputX0* et *outputX1* qui tiquent à chaque fois que la valeur de l'évènement produit sur X est égale à respectivement 0 ou 1. Nous appliquons ce mécanisme à tous les ports des composants DE.

5.2.3 Description de la sémantique de SDF avec CCSL

Le MoC SDF est utilisé pour modéliser un traitement sur des échantillons d'un flot de données et contrairement aux MoCs DE et TFSM, il ne possède aucune notion de temps. SDF est construit plutôt suivant la notion d'itérations. Les composants sont des opérateurs sur un flot de données qui consomment et produisent un nombre fixe d'échantillons de données sur leurs ports à chaque fois qu'ils sont observés. Nous considérons ici une version simplifiée du MoC SDF où le nombre d'échantillons produits ou consommés par les composants est fixé à 1.

Pour traduire un modèle SDF en un ensemble de contraintes CCSL, nous définissons d'abord une horloge *superSDF*, les tics de cette horloges correspondent aux itérations du modèle. Nous associons ensuite à chaque composant B une horloge *updateB* qui tique à chaque observation de B. Cette horloge est nécessairement une sous-horloge de *superSDF* étant donné que B ne peut être observé que durant une itération de son modèle.

Pour chaque port d'entrée *inB* ou de sortie *outB* d'un bloc B, nous définissons respectivement une horloge *sInB* ou *sOutB* qui modélise les instants de réception ou de production d'un échantillon de données. Le composant B est observé quand chacun de ses ports d'entrée reçoit au moins un échantillon. L'horloge *updateB* doit alors coïncider avec l'horloge la plus lente (ayant le dernier tic) parmi toutes les horloges $sInB_i$ afin d'effectuer un tic à la réception du dernier échantillon requis, où $0 < i \leq n$ et n est le nombre d'entrées de B $(i, n \in \mathbb{N})$:

Coincides(updateB, Sup(sInB$_1$, ..., sInB$_n$))

Quand le composant B est observé, il produit un échantillon de données sur chacun de ses ports de sortie. De ce fait, l'horloge $updateB$ coïncide aussi avec toutes les horloges $sOutB_j$, où $0 < j \leq m$ et m est le nombre de sorties de B $(j, m \in \mathbb{N})$:

Coincides(updateB, sOutB$_1$, ..., sOutB$_m$)

La sémantique du MoC SDF implique que, pour deux composants A et B connectés à travers une relation, chaque échantillon produit par chacun des ports de sortie $sOutA_j$ de A est reçu instantanément sur le port d'entrée $sInB_i$ de B connecté à l'autre bout de la relation. Autrement dit, les horloges $sOutAj$ et $sInBi$ doivent coïncider :

Coincides(sOutAj, sInBi)

De même que pour DE, ne devons aussi représenter les données dans SDF pour simuler le comportement du modèle. Nous représentons les données de la même manière que pour DE, en associant une horloge à chaque valeur possible d'un port d'entrée ou de sortie d'un composant.

5.3 Adaptation sémantique des MoCs avec CCSL

En nous basant sur les spécifications génériques présentées précédemment, nous avons créé un script qui permet de générer automatiquement les contraintes nécessaires pour toute instance d'un modèle TFSM, d'un modèle DE ou d'un modèle SDF. Nous présentons dans cette section notre approche pour modéliser l'adaptation sémantique avec des contraintes d'horloges CCSL. Rappelons ici que nous nous plaçons dans le contexte de la modélisation hétérogène hiérarchique, l'adaptation sémantique est donc spécifiée verticalement au niveau de l'interface entre chaque paire de sous-modèles.

Nous présentons dans ce qui suit deux adaptations sémantiques différentes : la première est celle entre un modèle DE racine et un sous-modèle TFSM, la deuxième est celle entre un modèle DE racine et un sous-modèle SDF.

5.3.1 Adaptation sémantique entre DE et TFSM

Une fois que les instances des modèles DE et TFSM ont été modélisées par des contraintes CCSL, nous nous focalisons sur l'interface entre les deux modèles pour spécifier l'adaptation sémantique entre eux. Cette adaptation est réalisée par un ensemble de relations entre les horloges du modèle externe (DE) et celles du modèle interne (TFSM).

L'adaptation sémantique du contrôle consiste à spécifier une relation de coïncidence entre les horloges de chaque paire de ports d'entrée/sortie du modèle interne/externe qui sont connectés. Plus précisément, si un port X d'un composant d'interface est lié à un port E du modèle TFSM interne, une relation de coïncidence est définie entre les horloges de X et de E. Cela signifie que la production d'un évènement DE destiné à un modèle TFSM est instantanément prise en compte par ce dernier, et inversement, la production d'un évènement TFSM par l'activation d'une transition est instantanément prise en compte par le composant DE :

Coincides(outputX, E) / Coincides(inputX, E)

Cependant, le contrôle est aussi lié aux données des évènements DE : par exemple, si les évènements DE produits sur X peuvent avoir les valeurs 0 ou 1 et que l'évènement DE ne doit être traduit en E que si sa valeur est 1, la relation de coïncidence précédente doit plutôt se porter sur l'horloge $outputX1$ modélisant la valeur 1 et non sur l'horloge $outputX$. **L'adaptation sémantique des données** est donc définie avec celle du contrôle.

L'adaptation sémantique du temps revient à spécifier une relation entre les deux horloges chronométriques $chronoTFSM$ et $chronoDE$. Nous pouvons par exemple spécifier que le temps dans TFSM avance 2 fois plus rapidement que le temps dans DE. Autrement dit, si nous supposons que les deux premiers instants des horloges *chronoTFSM* et *chronoDE* coïncident (pas de décalage : *offset* = 0), le deuxième tic de *chronoDE* coïncide avec le troisième tic de *chronoTFSM* :

chronoDE = Periodic(chronoTFSM, 2, 0)

Cependant, le temps dans un modèle hétérogène peut aussi générer du contrôle : à l'activation d'une transition temporisée dans le sous-modèle TFSM après *d* unités de temps, le modèle racine DE doit être observé pour mettre à jour son modèle interne afin que l'automate passe au prochain état.

Nous présentons sur la figure 5.1.a un exemple d'un modèle racine DE contenant deux composants *A* et *B* ainsi qu'un composant d'interface *IB* contenant un sous-modèle TFSM. *A* produit des évènements DE destinés à *IB* pouvant avoir deux valeurs possibles (1 ou 2) et *B* reçoit les évènements produits par *IB*.

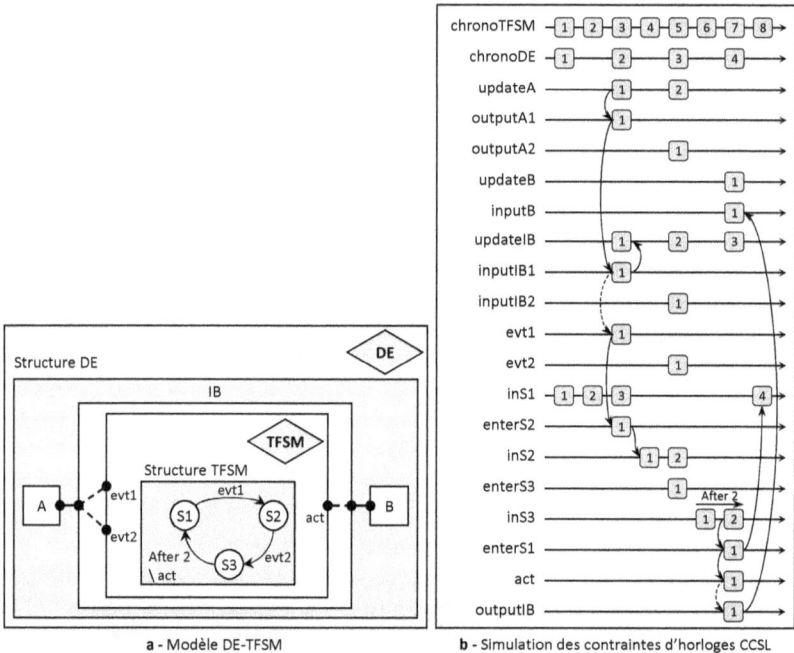

a - Modèle DE-TFSM   b - Simulation des contraintes d'horloges CCSL

FIG. 5.1 – Simulation d'un modèle racine DE contenant un sous-modèle TFSM

Le sous-modèle TFSM possède deux entrées *evt1* et *evt2* et une sortie *act*. Il passe de l'état initial *S1* à l'état *S2* à la réception de *evt1* et de *S2* à *S3* à la réception de *evt2*. Ces deux conditions correspondent à la réception par *IB* d'un évènement DE portant respectivement la valeur 1 et 2. Le modèle TFSM passe de *S3* à *S1* après deux unités de temps TFSM (deux tics sur *chronoTFSM*), il produit alors l'action *act* destinée au composant *B*.

La figure 5.1.b présente les horloges CCSL associées à notre exemple ainsi qu'une simulation possible des contraintes d'horloges définies entre elles. Les flèches continues représentent les relations causales entre les horloges (certaines relations ont été omis pour des raisons de clarté), les flèches pointillées représentent l'adaptation entre les MoCs.

Rappelons ici que les horloges chronométriques de CCSL font référence à un temps physique, mais possèdent concrètement un pas fixe périodique qui les rend discrètes. Par conséquent, nous devons spécifier un scénario précis pour éviter qu'un tic de l'horloge *chronoTFSM*, durant lequel l'activation d'une transition temporisée est effectuée, ne coïncide pas avec un tic de *chronoDE*, autrement, *TimeSquare* signale la présence d'une boucle infinie dans les contraintes CCSL spécifiées et met fin à son exécution. Par exemple, si le délai de la transition temporisée du modèle TFSM de notre exemple est égal à 3 (au lieu de 2), la production par *IB* de l'évènement DE destiné à *B* implique l'observation du modèle DE. Cependant, *chronoDE* n'a pas de tic à cet instant (entre son quatrième et son cinquième tic), *TimeSquare* détecte alors cette boucle infinie et met fin à la simulation.

5.3.2 Adaptation sémantique entre DE et SDF

En plongeant le modèle SDF dans un modèle DE, nous choisissons de lui attribuer un comportement périodique sur l'échelle de temps du modèle DE, l'**adaptation sémantique du contrôle** entre DE et SDF doit prendre en considération que l'observation du modèle SDF est effectuée chaque T tics de l'horloge *chronoDE*, et pas à d'autres instants. Nous spécifions que l'horloge *superSDF* modélisant les itérations de SDF est périodique sur *chronoDE* :

Coincides(superSDF, Periodic(chronoDE, 2, 0))

Cela implique aussi que si un évènement DE est présent sur l'interface d'entrée du modèle SDF à un instant où ce dernier ne doit pas être observé, cet évènement doit être mémorisé jusqu'au prochain instant d'observation du modèle. Concrètement, en considérant une entrée *inputIB* d'un composant d'interface connectée à l'entrée *sInSDF* du modèle SDF, les instants de l'horloge *sInSDF* coïncident avec ceux de l'horloge *inputIB* décalés sur les instants de *superSDF*.

Coincides(sInSDF, sustainUpTo(superSDF, inputIB, inputIB)).

Les données sont aussi source de contrôle dans un modèle SDF. En effet, un évènement DE est généré sur l'interface de sortie du modèle SDF uniquement lors d'un changement de valeur des échantillons de données produits par ce dernier. Considérons par exemple que le modèle SDF produise deux valeurs possibles sur sa sortie *sOutSDF*, destinées à l'entrée *inputB* d'un composant DE. Pour déterminer les instants où l'échantillon de données produit sur *sOutSDF* change de 1 à 2 et générer ainsi un évènement DE portant la valeur 2 sur *inputB*, nous déterminons l'intersection de *sOutSDF2* avec *sOutSDF1* avancée d'un tic :

Coincides(inputB2, DelayFor(Intersection(sOutSDF2, DelayFor(sOutSDF1, superSDF, 1)), chronoDE, 1))

Un calcul similaire sur *sOutSDF2* nous permet de générer un évènement DE portant la valeur 1 sur *inputB* à chaque fois que la valeur de l'échantillon de données produit par SDF change de 2 à 1 :

Coincides(inputB1, DelayFor(Intersection(sOutSDF1, DelayFor(sOutSDF2, superSDF, 1)), chronoDE, 1))

Dans la figure 5.2, nous remplaçons le sous-modèle TFSM de l'exemple précédent par un sous-modèle SDF et présentons les horloges associées à un tel exemple ainsi qu'une simulation possible des contraintes définies entre elles.

5.4 Limites de l'approche

CCSL propose une définition formelle d'un sous ensembles du modèle de temps de MARTE et propose un solveur pour vérifier les spécifications d'horloges. Nous avons pu décrire la sémantique des MoCs grâce à des contraintes d'horloges CCSL concises, un point positif comparé à leur description fastidieuse dans ModHel'X. Cependant, les contraintes CCSL sont des instances d'un modèle et ne sont pas génériques, ce qui n'est pas le cas dans ModHel'X où les MoCs sont

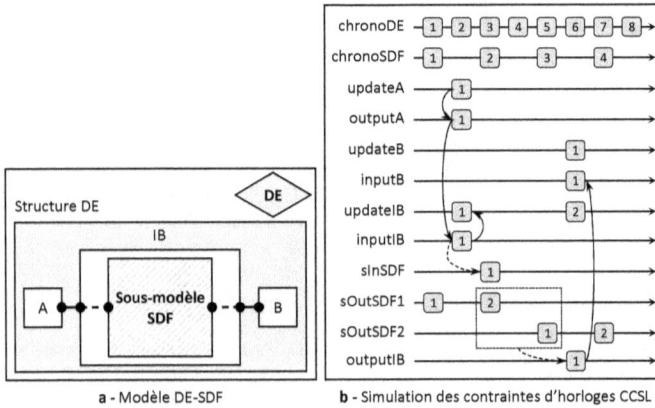

FIG. 5.2 – Simulation d'un modèle racine DE contenant un sous-modèle SDF

spécifiés d'une manière indépendante et abstraite. Pour rester conforme au niveau d'abstraction dans lequel nous nous situons, nous avons écrit des scripts pour générer automatiquement des instances de modèles CCSL selon la sémantique des MoCs en question.

Suite à cette première approche, nous avons constaté que CCSL est assez proche de nos besoins mais deux points ne sont pas compatibles avec notre objectif :

- Dans la modélisation hétérogène hiérarchique, l'observation d'un sous-modèle implique celle du modèle qui l'englobe. De ce fait, si un modèle TFSM est embarqué dans un modèle DE par exemple, l'activation d'une transition temporisée après d unités de temps TFSM implique l'observation du modèle DE. Le problème ici est que les horloges chronométriques de CCSL que nous utilisons pour modéliser une sémantique de temps font référence au temps physique mais concrètement, se sont des horloges discrètes ayant un pas fixe et ne possédant aucune échelle temporelle. Les tics ne peuvent être positionnés qu'avant, au même endroit, ou après d'autres tics par des relations de coïncidence ou de précédence. Ainsi, le seul moyen de mesurer le temps dans CCSL est de compter le nombre de tics sur une horloge, il n'existe aucune autre notion de durée. Il n'est donc pas possible de spécifier un instant temporel sur une horloge CCSL s'il n'existe pas de tic sur cette horloge à cet instant. Cela implique que nous ne pouvons simuler le comportement d'un système hétérogène que sur certains scénarios particuliers, pour éviter qu'un instant d'observation d'un sous-modèle ne coïncide pas avec un tic de l'horloge chronométrique modélisant le temps du modèle qui le contient.

- Notre objectif est de modéliser l'adaptation sémantique des MoCs en vue de l'intégrer dans un modèle d'exécution permettant la simulation discrète (pas à pas) d'un modèle hétérogène. Cependant, les relations entre les horloges dans CCSL sont spécifiées une fois et pour toute la simulation, et au moment où nous avons entamé ces travaux, il n'était pas possible d'utiliser le solveur CCSL pour simuler une exécution pas à pas d'un modèle, et de forcer l'occurrence d'évènements générés par les entrées du modèle. Nous avons besoin d'un solveur qui réagit en cours de simulation (*runtime*) sur les tics qui se produisent suite au comportement des composants du modèle. Nous voulons utiliser les horloges seulement pour modéliser l'adaptation sémantique du temps et du contrôle. Le comportement des composants du système peut être modélisé en utilisant d'autres formalismes qui sont plus adéquats pour décrire le traitement sur les données par exemple.

Concrètement, CCSL nous permet de spécifier la coïncidence sur les occurrences d'évènements, mais ne nous permet pas de spécifier des relations entre différentes échelles de temps,
comme c'est le cas dans TSM et dans MARTE, où les instants sont associé à une sémantique
temporelle grâce aux étiquettes. De plus, nous avons aussi besoin de créer des occurrences d'évènements suite à un comportement d'un composant du modèle lors de sa simulation, et d'un
solveur pour résoudre un ensemble d'occurrences d'évènements selon les spécifications définis
en déterminant quelles occurrences appartiennent à l'instant courant, et quelle est l'étiquette
temporelle de chaque occurrence d'un évènement.

5.5 Conclusion

Nous avons présenté dans ce chapitre une première approche pour modéliser l'adaptation
sémantique des MoCs avec des contraintes d'horloges CCSL. Nous nous somme focalisé sur les
trois MoCs DE, TFSM et SDF et nous avons conclu que cette piste est limitée par CCSL. Après
une analyse des limites de cette approche, nous avons défini nos besoins en nous inspirant de
TSM, de MARTE et de CCSL et un nouveau modèle de temps a été créé. Nous présentons dans le
chapitre suivant ce nouveau modèle, sur lequel nous nous baserons pour modéliser explicitement
l'adaptation sémantique du temps et du contrôle entre les MoCs.

Chapitre 6

Tagged Events Specification Language (TESL)

6.1 Introduction

Nous avons présenté dans le chapitre précédent notre première approche où nous avons utilisé CCSL pour modéliser l'adaptation sémantique entre un modèle DE, un modèle TFSM et un modèle SDF. La spécification de l'adaptation sémantique du contrôle était possible avec CCSL, mais pas celle du temps. Notre première approche était prometteuse mais limitée.

En conservant le principe visant à spécifier l'adaptation sémantique entre MoCs à l'aide de contraintes d'horloges, nous présentons dans ce chapitre un nouveau modèle de temps appelé TESL (Tagged Events Specification Language), sur lequel nous nous baserons pour spécifier l'adaptation sémantique du temps et du contrôle entre les MoCs. Nous présentons les différentes relations possibles à définir sur les instants des horloges TESL d'une part, et sur les étiquettes de ces instants d'autre part.

6.2 TESL (Tagged Events Specification Language)

En spécifiant l'adaptation sémantique dans un modèle hétérogène, nous cherchons à exécuter une simulation discrète de ce dernier, ce qui revient à déterminer deux points essentiels : (**1**) la date du prochain pas de simulation, et (**2**) ce qui se produit au prochain pas de simulation ; nous appelons ce prochain pas de simulation « now ».

La figure 6.1 présente le méta-modèle TESL : un outil de modélisation qui permet de spécifier des relations entre les occurrences des évènements lors de l'exécution de modèles hétérogènes.

Avant de présenter les deux types de relations possibles, nous commençons dans ce qui suit par introduire la sémantique que nous associons aux horloges et tics de TESL.

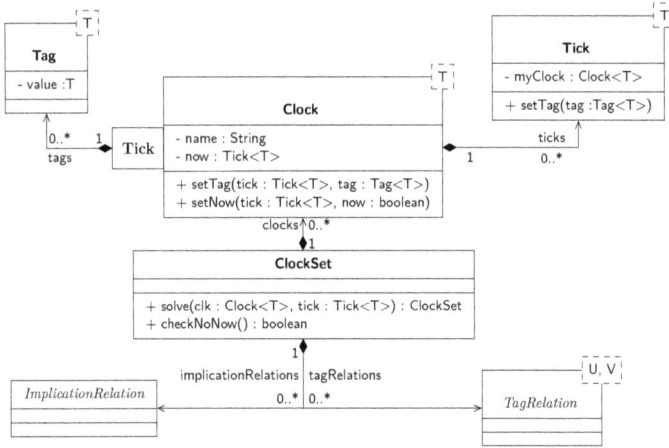

FIG. 6.1 – Modèle de temps

6.2.1 Horloges et Tics

Simuler un modèle consiste à déterminer les occurrences d'évènements modélisant le comportement de ce dernier. Ces évènements peuvent être déclenchés par d'autres évènements ou par le temps. Dans TESL, chaque évènement est modélisé par une *horloge*, ses occurrences sont modélisées par la présence de *tics* sur cette horloge.

Une horloge a une échelle de temps définie par le domaine d'*étiquettes* (*tags*) associé à ses tics. Un domaine d'étiquettes modélise donc le temps dans lequel un évènement peut se produire; il est formé par un ensemble totalement ordonné d'étiquettes. Ainsi, TESL définit une sémantique temporelle en associant un ensemble totalement ordonné d'étiquettes à une horloge, ce qui induit un ordre sur les tics. Il est impossible d'associer une même étiquette à deux tics d'une horloge.

Si un tic a une étiquette, cela signifie que nous connaissons la date de son occurrence. Si un tic ne porte pas d'étiquette, il aura lieu dès que possible selon les relations définies sur son horloge. Un tic sans étiquette est appelé « tic flottant » (noté par le symbole ⊥). Un tic peut aussi être mis à « now », ce qui signifie qu'il appartient à l'instant courant qui correspond au prochain pas de simulation du modèle.

La figure 6.2 illustre l'état d'une horloge à un instant de la simulation. Elle possède un premier tic flottant et deux tics portant les étiquettes respectives 2 et 5.

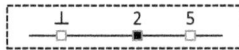

FIG. 6.2 – Exemple d'une horloge

Le premier tic flottant (carré vide) signifie que l'évènement modélisé par cette horloge doit se produire le plus tôt possible. Le deuxième tic est mis à « now » (carré plein), l'occurrence de l'évènement qui se produit à la date 2 est donc l'instant courant de l'évènement. Le troisième tic signifie que cet évènement doit aussi se produire à la date 5.

Notons ici que lors de la simulation d'un modèle hétérogène en utilisant TESL, nous devons déterminer les étiquettes de tous les tics flottants présents sur les horloges définies pour déterminer la date de toutes les occurrences des évènements modélisant le comportement du modèle.

Ainsi, dans l'exemple de l'horloge présentée sur la figure 6.2, les deux premiers tics peuvent être fusionnés pour supprimer le tic flottant. En effet, l'occurrence de l'évènement qui doit se produire le plus tôt possible correspond à l'occurrence du prochain pas de simulation du modèle, qui correspond donc au tic mis à « now » de l'horloge sur laquelle il se trouve. L'évènement modélisé par l'horloge de l'exemple se produit donc aux dates 2 et 5, 2 étant la date de l'instant courant.

Deux types de relations peuvent être spécifiées entre deux horloges différentes dans TESL : la première définit une relation sur les tics de ces horloges, la deuxième sur les étiquettes de ces tics.

6.2.2 Relations sur les instants d'horloges

CCSL permet de définir des relations de coïncidence et de précédence entre des horloges. Quand a est une sous horloge de b par exemple, cela signifie que si un tic est présent sur a, un tic doit aussi être présent au même instant sur b. De plus, les relations d'horloges CCSL sont acausales, ce qui signifie pour notre exemple que si b ne possède pas un tic à un instant, il ne peut y avoir de tic sur a à cet instant. La résolution de telles relations revient à déterminer un ensemble de solutions possibles d'un système d'équations.

En spécifiant des relations d'horloges dans TESL, nous ne cherchons pas à déterminer l'ensemble des simulations possibles d'un modèle hétérogène. Nous voulons plutôt propager la conséquence d'un ensemble d'occurrences d'évènements connus, pour déterminer une simulation possible du modèle au cours de son exécution. Ainsi, seules les relations causales de coïncidence ont été retenues.

TESL définit uniquement des relations d'implication entre les tics des horloges. Ces relations nous permettent de déterminer ce qui se produit au prochain pas de simulation lors de l'exécution d'un modèle hétérogène, autrement dit, de déterminer tous les tics « now » en propageant l'ensemble connu de ces tics. Par exemple, au lieu de spécifier que a est une sous horloge de b comme dans CCSL, nous spécifions plutôt que a implique b, signifiant que toute occurrence de l'évènement modélisé par a implique toujours une occurrence de l'évènement modélisé par b au même instant (propagation des tics « now » de a en créant des tics « now » sur b).

D'une manière générale, une relation d'implication dans TESL permet de créer un tic « now » sur une horloge cible à chaque fois que les occurrences des horloges sources correspondent à un motif particulier. Nous présentons dans ce qui suit quatre exemples de relations d'implication TESL :

« s implies c » signifie que si l'horloge source s a un tic « now », alors l'horloge cible c a un tic « now » au même instant. La figure 6.3 présente un exemple d'une telle relation entre deux horloges s et c. Nous pouvons voir sur cette figure la succession des tics « now » sur les deux horloges au cours du temps (le temps progresse de gauche à droite). Chaque présence de tic « now » sur c implique la présence de tic « now » sur s, l'implication est représentée par une flèche en pointillé sur la figure. Par contre, il peut y avoir des tics « now » sur c à des instants où rien ne se produit sur s, ces tics sont représentés par un carré vide sur la figure.

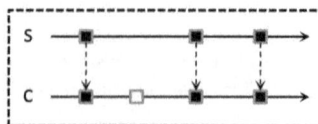

Fig. 6.3 – s implies c

« s **filtered by** m **implies** c » signifie que si la présence d'un tic « now » sur s permet de satisfaire un motif m, cela implique la présence d'un tic « now » sur c au même instant. Le motif m possède la forme suivante : [*skip, keep, rep-skip, rep-keep*], où *skip* spécifie le nombre initial de tics « now » à sauter, *keep* spécifie le nombre de tics « now » consécutifs à garder après ceux de *keep*, et *rep-skip* et *rep-keep* spécifient un motif répétitif de tics à sauter et à garder. En considérant le motif $m = [2, 3, 2, 1]$ par exemple, nous sautons les 2 premiers tics « now » de s, nous gardons les 3 tics « now » suivants, nous gardons ensuite un seul tic « now » après chaque deux tics « now » consécutifs. Cet exemple est illustré sur la figure 6.4 : après deux occurrences de s, les trois occurrences suivantes impliquent trois occurrences respectives de c aux mêmes instants. Ensuite, chaque troisième occurrence de s implique une occurrence de c au même instant. Les tics représentés par un carré vide sont des tics pouvant être créés par d'autres relations d'implication.

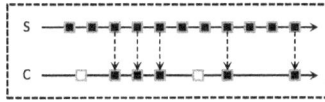

FIG. 6.4 – s **filtered by** $[2, 3, 2, 1]$ **implies** c

« s_1 **delayed by** n **on** s_2 **implies** c » signifie qu'à l'instant où il existe un n^e tic « now » sur s_2 qui se produit strictement après le dernier tic « now » de s_1, il existe un tic « now » sur c. Les tics « now » sur s_2 qui coïncident avec les dernier tics « now » de s_1 ne sont pas pris en considération. La figure 6.5 illustre un exemple d'une telle relation entre les deux horloges sources s_1 et s_2 et l'horloge cible c, avec $n = 2$: chaque deuxième occurrence de s_2 qui vient après une occurrence de s_1 implique une occurrence sur c. Nous pouvons voir sur la figure que la quatrième occurrence de s_2 qui coïncide avec la deuxième occurrence de s_1 n'est pas prise en compte.

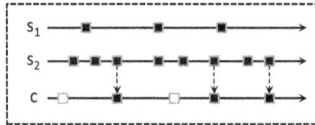

FIG. 6.5 – « $s1$ **delayed by** 2 **on** $s2$ **implies** c »

« s_1 **sustained from** s_2 **to** s_3 **implies** c » est une implication entre s_1 et c déclenchée par l'évènement s_2 et arrêtée par l'évènement s_3 : un tic « now » sur s_1 implique un tic « now » sur c au même instant seulement et strictement après un tic « now » sur s_2 et tant qu'il ne se trouve pas de tic « now » sur s_3. Les tics « now » sur s_2 et s_3 qui coïncident avec un tic « now » sur s_1 ne sont pas considérés. La figure 6.6 illustre un exemple d'une telle relation entre les trois horloges sources s_1, s_2 et s_3 d'une part, et l'horloge cible c d'autre part. Après la première occurrence de s_2, chaque occurrence de s_1 implique une occurrence de c au même instant jusqu'à la première occurrence de s_3. Nous pouvons remarquer sur la figure que la première occurrence de s_1 n'est pas concernée. La deuxième occurrence de s_2 déclenche de nouveau l'implication de s_1 sur c jusqu'à la deuxième occurrence de s_3 qui met fin à cette implication. Notons ici que la troisième occurrence de s_1 qui coïncide avec la deuxième occurrence de s_2 n'est pas prise en considération.

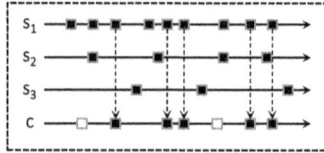

FIG. 6.6 – « $s1$ **sustained from** $s2$ **to** $s3$ **implies** c »

6.2.3 Relations sur les étiquettes des instants

Nous avons vu que les relations d'implication TESL nous permettent de déterminer l'ensemble des tics « now » modélisant le comportement d'un modèle au prochain pas de sa simulation. Les relations sur les étiquettes des tics nous permettent de déterminer le deuxième point essentiel pour simuler un modèle : la date du prochain pas de simulation de ce dernier.

En associant une étiquette à un tic d'une horloge, nous spécifions la date de l'occurrence de l'évènement modélisé par cette horloge. Les étiquettes nous permettent d'associer une sémantique temporelle aux occurrences des évènements. Cependant, nous avons vu dans 6.2.1 que chaque horloge peut être associée à un domaine d'étiquettes différent pour modéliser une sémantique de temps différente, et que ces différentes notions de temps peuvent avancer avec des pas différents.

Une relation d'étiquettes TESL permet de représenter une conversion fixe entre deux sémantiques de temps différentes. En considérant deux horloges a et b associées respectivement à deux domaines d'étiquettes $dom(a)$ et $dom(b)$, une relation d'étiquettes entre a et b est définie par deux fonctions $d : dom(a) \to dom(b)$ et $r : dom(b) \to dom(a)$, où d est la fonction de conversion directe et r la fonction de conversion inverse entre les étiquettes de a et de b.

En considérant un tic t_a de a portant l'étiquette x_a et un tic t_b de b portant l'étiquette x_b, une relation d'étiquettes signifie que si $d(x_a) = x_b$ ou $r(x_b) = x_a$, nous considérons que les tics t_a et t_b sont simultanés. Cela implique que si l'un de ces tics est mis à « now », l'autre tic est aussi mis à « now ».

Les fonctions d et r doivent être croissantes pour préserver la causalité, mais r n'est pas forcément une bijection réciproque de d, autrement dit, $r(d(x_a))$ ne vaut pas forcément x_a. Prenons l'exemple où $dom(a) = \mathbb{R}$ modélise un temps continu, et où $dom(b) = \mathbb{N}$ modélise un temps discret, avec une relation d'étiquettes définie par les fonctions $d : t \to \lceil t \rceil$ et $r : t \to t$. Dans cet exemple, d permet de convertir un réel t en un entier correspondant à la partie entière par excès de t, alors que r est une fonction identité. En supposant que $t = 2.5$, nous pouvons constater que $d(2.5) = 3$ mais que $r(3) = 3 \neq 2.5$.

L'implémentation actuelle de TESL supporte uniquement des relations affines d'étiquettes, où $d(t) = \alpha t + \beta$ et $r(t) = \frac{1}{\alpha} t - \frac{\beta}{\alpha}$ avec $\alpha > 0$. Les fonctions d et r sont donc pour le moment définies uniquement par α et β.

Les relations d'étiquettes nous permettent de déterminer une étiquette d'un tic flottant sur une horloge a à partir de l'étiquette d'un tic sur une autre horloge b. Ainsi, nous pouvons déterminer la date de tous les tics « now » présent sur les horloges, qui correspondent à leurs dates actuelles durant un pas de simulation de leur modèle.

Dans le cadre d'un stage de fin d'études de master, un solveur a été implémenté au département informatique de Supélec pour résoudre ces spécifications TESL. Nous faisons une brève présentation de ce solveur dans la prochaine partie de cette section.

6.2.4 Résolution des spécifications TESL

En exécutant le solveur TESL sur un ensemble d'horloges et de relations TESL entre elles, nous cherchons à déterminer tous les tics « now » présents sur ces différentes horloges ainsi que leurs étiquettes respectives à un instant donné.

Pour cela, le solveur utilise d'abord les relations d'implication pour déterminer de nouveaux tics « now » impliqués par d'autres tics connus. Il propage les relations d'implication jusqu'à arriver à un point fixe où aucun nouveau tic ne peut être créé. Ensuite, le solveur utilise les relations d'étiquettes pour déterminer les étiquettes de chaque tic flottant. Toutefois, la détermination d'une étiquette d'un tic peut engendrer des nouveaux tics « now ». Le solveur refait alors les deux étapes jusqu'à déterminer un point fixe où il n'existe plus de tics pouvant être « now ».

Nous présentons dans la figure 6.7 les différentes étapes du solveur TESL appliquées à l'exemple suivant : nous définissons quatre horloges a, b, c et d, avec les relations d'implication « a implies b » et « a implies c », et les relations d'étiquettes « $t_b = 3 \times t_a - 1$ », « $t_c = 1 \times t_a + 2$ » et « $t_d = 2 \times t_c + 2$ ». La figure montre les tics présents sur ces horloges à un instant donné au cours de la simulation.

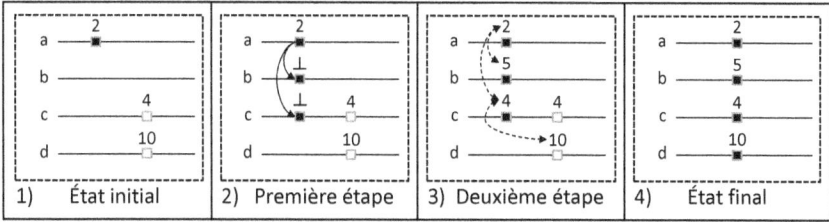

FIG. 6.7 – Résolution des spécifications TESL

À l'état initial de ces horloges (figure 6.7.1), a possède un tic « now » avec l'étiquette 2, b ne possède aucun tic, c possède un tic avec l'étiquette 4, et d possède un tic avec l'étiquette 10. Dans la première étape (figure 6.7.2), le solveur prend en considération les relations d'implication définies, ce qui lui permet de créer un tic « now » sur b et un tic « now » sur c. Ces implications sont illustrées par des flèches noires continues sur la figure. Il n'existe pas d'autres relations d'implication possibles, le solveur passe alors à la deuxième étape de son exécution.

Dans la deuxième étape (figure 6.7.3), le solveur utilise les relations d'étiquettes définies pour déterminer les étiquettes des tics « now » présents sur toutes les horloges. Ces relations sont représentées par des flèches noires interrompues sur la figure. La relation affine d'étiquettes entre a et b spécifie que si deux tics sur a et b coïncident, leurs étiquettes respectives t_a et t_b vérifient « $t_b = 3 \times t_a - 1$ ». Étant donné que le tic « now » sur a porte l'étiquette $t_a = 2$, le solveur attribue alors au tic « now » sur b l'étiquette $t_b = 5$.

Le solveur fait de même pour attribuer l'étiquette $t_c = 4$ au tic « now » de c selon la relation affine d'étiquette « $t_c = 1 \times t_a + 2$ ». Or le tic flottant sur c porte aussi l'étiquette 4, il s'agit donc du même tic « now » de c : le solveur fusionne ces deux tics.

De plus, la relation d'étiquettes entre c et d spécifie que les étiquettes t_c et t_d de deux tics qui coïncident sur c et d vérifient « $t_d = 2 \times t_c + 2$ ». Le tic flottant sur d porte l'étiquette $t_d = 10$, il coïncide alors avec le tic « now » sur c portant l'étiquette $t_c = 4$, ce qui signifie qu'il est aussi un tic « now ».

Toutes les relations ont été prises en considération et tous les tics ont une étiquette, la résolution de ces spécifications est donc terminée. L'état final de ces horloges est représenté sur la figure 6.7.4. Ainsi, le prochain pas de simulation se déroule avec une occurrence de a, une occurrence de b, une occurrence de c et une occurrence de d, aux dates respectives 2, 5, 4 et 10 selon leurs échelles de temps respectives.

6.2.4.1 Horloges « greedy »

Il se peut qu'au cours de l'exécution du solveur TESL, un tic étiqueté soit présent sur une horloge c, et ne soit lié par aucune relation TESL avec un tic « now » d'une autre horloge. Dans ce cas, nous pouvons choisir librement si ce tic est « now » ou pas. En mettant ce tic à « now », nous cherchons à réaliser la simulation la plus rapide en déterminant le maximum de tics « now » possibles. En choisissant de ne pas le mettre à « now », nous faisons avancer la simulation uniquement selon les spécifications définies.

Cependant, ce choix n'est pas arbitraire pour toutes les horloges. En effet, spécifier qu'un tic existant sur une horloge c est « now » peut ne pas satisfaire la sémantique de l'évènement modélisé par c. En supposant par exemple que l'horloge c modélise un évènement périodique en temps réel d'un système donné, les occurrences de c doivent se produire au temps réel correspondant à leurs étiquettes, ils sont mis à « now » uniquement à la date en temps réel qui coïncide avec leurs étiquettes.

Pour cela, seuls les tics de certaines horloges peuvent être mis à « now » dans ces conditions. Ces horloges sont appelées « greedy », elle permettent de maximiser le nombre des tics « now » lors de l'exécution du solveur.

6.3 Conclusion

Nous avons présenté dans ce chapitre TESL, un outil permettant de spécifier des relations entre un ensemble d'évènements étiquetés. Les relations d'implications sur les occurrences de ces évènements nous permettent de spécifier le contrôle de ces évènements, tandis que les relations entre les étiquettes de ces occurrences nous permettent de spécifier une correspondance entre les dates d'occurrences de ces évènements.

En intégrant TESL dans ModHel'X, nous présentons dans le chapitre suivant comment il est possible de spécifier l'adaptation sémantique du temps et du contrôle lors de la simulation d'un modèle hétérogène dans ModHel'X, à partir des relations d'horloges TESL.

Chapitre 7

Intégration de TESL dans ModHel'X

7.1 Introduction

Nous avons présenté dans le chapitre précèdent les concepts clés de TESL, un outil qui nous permet de spécifier des contraintes sur les occurrences d'évènements. Nous voulons à présent utiliser ces contraintes dans ModHel'X pour spécifier l'adaptation sémantique du temps et du contrôle entre les différents composants d'un modèle hétérogène au cours de sa simulation. La version actuelle de TESL ne propose pas encore une solution pour spécifier l'adaptation sémantique des données, cette dernière est encore traitée de façon ad-hoc.

Nous avons intégré TESL dans le modèle d'exécution de ModHel'X et présentons dans la section 7.2 le principe de cette approche. Nous reprenons l'algorithme de simulation de ModHel'X dans la section 7.3 et présentons sa nouvelle version où les relations d'implications TESL sont utilisées pour spécifier l'adaptation sémantique du contrôle d'une part, et où les relations d'étiquettes TESL sont utilisées pour spécifier l'adaptation sémantique du temps d'une autre part.

7.2 Intégration de TESL dans ModHel'X

Nous modélisons le comportement d'un modèle au cours de sa simulation dans ModHel'X par des évènements TESL. Pour cela, chaque modèle ainsi que chaque composant source d'un modèle est associé à une horloge TESL. Les tics de ces horloges correspondent aux instants d'observation (*updates*) des éléments auxquels ils sont associés au cours de la simulation. Un composant source est un composant susceptible de déclencher un contrôle lors de la simulation de son modèle.

La sémantique du temps d'un modèle est introduite par le domaine d'étiquettes associé aux évènements qui modélisent son comportement au cours de sa simulation. Toutes les occurrences des évènements modélisant le comportement d'un modèle sont associées à un seul et même domaine d'étiquettes, ce qui définit ainsi une sémantique de temps propre au modèle en question. Chaque étiquette associée à une occurrence d'un évènement correspond à la date d'observation de l'élément correspondant dans la sémantique de temps auquel il appartient. Dans un modèle régi par le MoC CT (2.3.4) par exemple, le domaine d'étiquettes est l'ensemble des réels $\mathbb{R}$.

Lors de la simulation d'un modèle, l'observation d'un composant source implique l'observation de son modèle au même instant. Pour cela, nous spécifions que l'occurrence de chaque évènement associé à un composant source d'un modèle implique une occurrence de l'évènement associé à son modèle au même instant. Si un composant source associé à une horloge s est contenu dans un modèle associé à une horloge m par exemple, une relation d'implication s **implies** m est spécifiée. En exécutant le solveur TESL sur ces horloges et leurs relations, les occurrences des évènements d'un modèle et leurs étiquettes sont propagées jusqu'à déterminer la date du prochain instant d'observation du modèle, qui correspond à l'étiquette du tic « now » présent sur l'horloge associée au modèle en question. Si un tic « now » est présent sur une horloge d'un composant source durant un pas de simulation, le contrôle est donné à ce composant pour qu'il réalise son comportement.

La figure 7.1 présente un exemple d'un modèle DE contenant quatre composants : *ramp*, *const*, *add* et *screen*. *ramp* et *const* sont deux composants sources, le premier produit un entier incrémenté de 1 à chaque observation, le deuxième produit une constante à chaque observation. Le composant *add* additionne les valeurs des évènements reçus sur son entrée et produit le résultat sur sa sortie à chaque observation et *screen* affiche la valeur de l'évènement reçu sur son entrée à chaque observation.

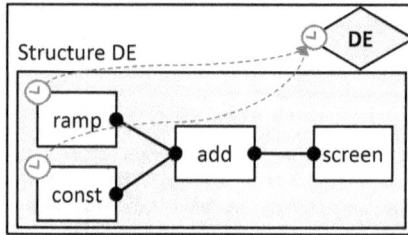

FIG. 7.1 – Horloges TESL dans un modèle DE

Trois horloges TESL sont associées à cet exemple comme le montre la figure : deux horloges associées respectivement aux composants sources et une horloge associée au modèle. Ces trois horloges sont associées à un même domaine d'étiquette pour modéliser une échelle de temps propre au modèle DE. Les flèches rouges pointillées sur la figure représentent les relations d'implications définies entre ces horloges.

Nous présentons dans ce qui suit comment l'adaptation sémantique du contrôle et du temps dans un modèle hétérogène de ModHel'X est spécifiée au niveau de ses composants d'interface, à partir de contraintes d'horloges TESL.

7.2.1 Adaptation sémantique du contrôle

Un modèle hétérogène dans ModHel'X est formé par des sous-modèles ayant des sémantiques de comportement différentes. Nous spécifions la causalité du contrôle entre ces sous-modèles grâce à des relations d'implication TESL définies par paires de modèles.

Durant chaque pas de simulation d'un modèle hétérogène, quand des données sont présentes sur les entrées d'un composant d'interface, nous devons déterminer l'instant d'observation du modèle interne de ce composant pour qu'il puisse les prendre en considération. Nous parlons ici de l'adaptation sémantique du contrôle en entrée d'un sous-modèle, elle dépend de la sémantique de comportement de ce dernier :

- Si le modèle interne réagit instantanément à ses entrées, il doit être observé au même pas de simulation. Le composant d'interface adapte les données reçues et les pose sur les entrées de son modèle interne, il créé ensuite un tic « now » sur l'horloge associée à ce modèle signifiant que ce dernier doit être observé au même instant.

- Si le modèle interne a un comportement indépendant de ses entrées (ex : comportement périodique), il doit être observé uniquement aux instants qui coïncident avec ses itérations. Le composant d'interface vérifie alors si l'instant courant coïncide avec une occurrence de l'évènement associé à son modèle interne. Si c'est le cas, l'horloge de son modèle interne possède un tic « now » à cet instant. Le composant d'interface adapte alors les données reçues sur ces entrées pour les poser sur l'entrée de son modèle interne, et passe le contrôle à ce dernier pour les traiter au même instant. Dans le cas contraire, les données reçues sont sauvegardées par le composant d'interface jusqu'au prochain instant d'observation de son modèle interne.

La modélisation hétérogène étant hiérarchique dans ModHel'X, si nous considérons un modèle racine R contenant un sous-modèle SM, l'observation de SM implique forcément l'observation de R. Autrement dit, une occurrence de l'évènement associé à l'observation d'un sous-modèle SM implique toujours une occurrence de l'évènement associé à l'observation du modèle R. Nous parlons ici de l'adaptation sémantique du contrôle en sortie d'un sous-modèle, et nous la spécifions en définissant une relation d'implication TESL « IM **implies** EM » dans chaque composant d'interface, où EM et IM sont les évènements TESL associés respectivement au modèle externe et interne du composant.

Quand un modèle interne d'un composant d'interface produit des données sur son interface de sortie, nous somme certain que le modèle externe du composant d'interface a un tic « now » sur son horloge à cet instant, ce qui a permis d'observer le sous-modèle. Le composant d'interface adapte alors les données produites par son modèle interne et les pose sur son interface de sortie pour qu'elles soient prises en considération par son modèle externe au même instant.

En exécutant le solveur TESL à la fin de chaque pas de simulation d'un modèle hétérogène, chaque tic d'une horloge associée à un sous-modèle sera propagé jusqu'à impliquer un tic de l'horloge associée au modèle racine, ce qui nous permet de déterminer le prochain instant d'observation du modèle global.

7.2.2 Adaptation sémantique du temps

Adapter la sémantique du temps dans un modèle hétérogène revient à définir une solution qui, à chaque instant d'observation du modèle global au cours de sa simulation, nous permet de connaitre la date courante dans chacun de ses sous-modèles, selon les domaines de temps auxquels ils appartiennent.

Nous spécifions l'adaptation sémantique du temps avec des relations d'étiquettes TESL par paires de modèles au niveau de chaque composant d'interface d'un modèle hétérogène. En considérant deux évènements TESL EM et IM associés respectivement aux modèles externe et interne d'un composant d'interface, nous distinguons deux cas possibles :

- Si aucun des évènements EM et IM n'est associé au domaine d'étiquettes *Unit*, ce qui signifie que les deux modèles possèdent une notion de temps, nous spécifions les correspondances entre ces échelles de temps grâce à une relation d'étiquettes affine formée par les deux fonctions $d(t_{EM}) = \alpha t_{IM} + \beta$ avec $\alpha > 0$, et $r(t_{IM}) = \frac{1}{\alpha} t_{EM} - \frac{\beta}{\alpha}$: α et β sont deux paramètres définis dans le composant d'interface, d est la fonction directe permettant de déterminer une étiquette t_{IM} dans le domaine de temps associé à IM à partir d'une étiquette t_{EM} dans le domaine de temps associé à EM, r est la fonction d'adaptation inverse.

- Si l'un de ces évènements est associé au domaine d'étiquettes *Unit*, ce qui signifie qu'il n'a pas de notion de temps, l'adaptation sémantique du temps est définie dans un seul sens, du modèle non temporisé au modèle temporisé. Nous devons attribuer une date aux occurrences d'événements du modèle non temporisé, selon l'échelle de temps associée au modèle temporisé. Pour cela, nous associons un évènement IB au composant d'interface liant ces deux modèles, ainsi que deux attributs paramétrables par le concepteur : *initialObservationTime* et *nextObservationTime*.

Les occurrences de IB sont étiquetées selon l'échelle de temps du modèle temporisé, elles sont donc liées au même domaine d'étiquettes que ce dernier. Ces occurrences sont déterminées par le composant d'interface à la fin de chaque pas de simulation du modèle global, selon la sémantique de comportement de son modèle non temporisé.

Le composant d'interface crée un tic portant l'étiquette *initialObservationTime* sur son horloge IB au début de la simulation, et un tic portant l'étiquette *nextObservationTime* à la fin de chaque pas de simulation, spécifiant ainsi des occurrences étiquetées de son modèle non temporisé. L'étiquette *nextObservationTime* est calculée par le composant d'interface en rajoutant à chaque fois une *durée* à l'étiquette précédente. Si nous voulons définir un comportement périodique au modèle non temporisé par exemple, la *durée* représentera la période d'itération de ce dernier.

En exécutant le solveur TESL à la fin de chaque pas de simulation d'un modèle hétérogène sur ces horloges et leurs relations d'étiquettes, nous associons une étiquette à chaque tic « now » modélisant l'observation d'un sous-modèle, ce qui nous permet de connaitre la date courante de ce dernier au prochain pas de simulation.

Rappelons ici que l'hétérogénéité entre ces modèles concerne aussi les données. Un modèle peut avoir une notion de donnée différente d'un autre. L'adaptation des données est donc tout aussi nécessaire que celle du temps et du contrôle. Cette adaptation est pour le moment traitée par le modèle d'exécution de ModHel'X.

Nous décrivons dans ce qui suit l'algorithme de ModHel'X qui se fonde sur TESL pour spécifier l'adaptation sémantique du contrôle et du temps au cours de la simulation d'un modèle hétérogène.

7.3 Algorithme de simulation de ModHel'X

Le moteur d'exécution de ModHel'X permet une simulation discrète d'un modèle hétérogène. Cette discrétisation est déterminée par des horloges particulières appelées *DrivingClocks*, offrant la possibilité de choisir le mode de simulation désiré. Nous distinguons trois types de *DrivingClocks* : *ASAPClock* nous permet de simuler le modèle global le plus tôt possible, dès la présence d'une demande d'observation par le modèle racine. *PeriodicRTClock* rend la simulation périodique dans le temps réel du système. *SwingButtonClock* est une horloge associée à un bouton graphique, chaque clic sur ce bouton correspond à un pas de simulation.

Une *DrivingClock* possède toujours un tic qui correspond à sa prochaine occurrence. Ce tic devient « now » sur une horloge *SwingButtonClock* quand l'utilisateur clique sur le bouton associé à cette horloge, il devient « now » sur une horloge *PeriodicRTClock* quand la durée de sa période est écoulée, et il est toujours mis à « now » sur une horloge *ASAPClock*.

Pour exécuter une simulation d'un modèle hétérogène, le moteur d'exécution de ModHel'X a besoin de quatre attributs : **rootModel** permet au moteur d'exécution d'accéder au modèle racine du modèle hétérogène. **solver** est une collection d'horloges et de relations d'horloges TESL, sa fonction *solve* permet d'exécuter le solveur TESL selon les spécifications définies. **snapshotClock** est une horloge associée au moteur d'exécution, un tic « now » présent sur cette horloge permet de réaliser une observation du modèle global. **stopClock** est une deuxième horloge associée au moteur d'exécution, un tic « now » présent sur cette horloge permet d'arrêter la simulation.

Dans le cas où nous voulons spécifier un nombre limité d'observations du modèle au cours de sa simulation, nous ajoutons à l'attribut **solver** avant le début de la simulation une relation TESL « *snapshotClock* **filtered by** $[n, 1, 0, 0]$ **implies** *stopClock* », où n est le nombre d'observations à effectuer. Cela signifie que le n^e tic « now » sur *snapshotClock* implique un tic « now » sur *stopClock*.

Pour faciliter sa compréhension, nous décomposons l'algorithme de ModHel'X en quatre étapes (figure 7.2).

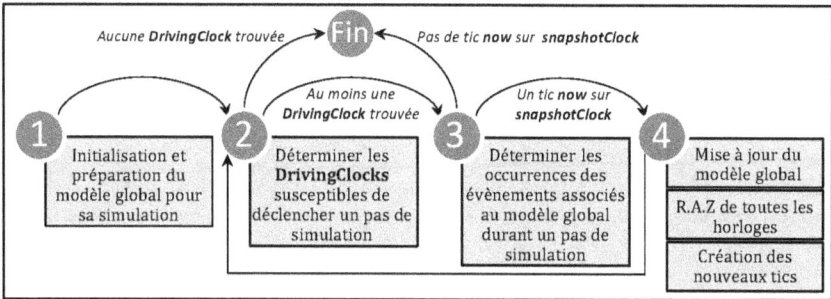

FIG. 7.2 – Étapes de l'algorithme de simulation de ModHel'X

7.3.1 Préparer le modèle global pour sa simulation

Dans la première étape de l'algorithme, le moteur d'exécution de ModHel'X prépare le modèle global pour sa simulation. Toutes les relations d'horloges associées au modèle sont créées et ajoutées à l'attribut **solver**. Le moteur d'exécution ajoute aussi la relation « *rootModel* **implies** *snapshotClock* » à son attribut **solver**, où *rootModel* est l'horloge associée au modèle racine, spécifiant ainsi que chaque occurrence du modèle racine implique une occurrence de son horloge *snapshotClock*.

Nous illustrons sur la figure 7.3 les différentes horloges et relations d'horloges TESL requises pour réaliser une simulation dans ModHel'X. Les horloges rouges sont associées au modèle global, les horloges bleus sont associées au moteur d'exécution. Les relations d'implications sont représentées par des flèches pointillées.

Après une initialisation des paramètres des composants sources du modèle global, le moteur d'exécution passe à la deuxième étape de l'algorithme.

7.3.2 Déterminer les DrivingClocks susceptibles de déclencher un pas de simulation

Nous avons vu plus haut que la simulation dans ModHel'X progresse grâce aux *DrivingClocks*. Chaque tic « now » présent sur une *DrivingClock* permet de déclencher un pas de simulation.

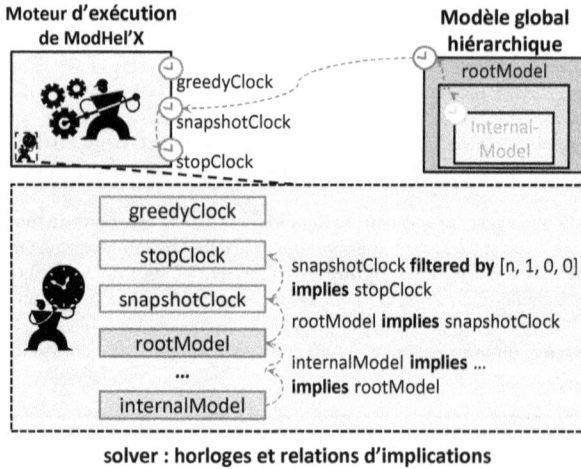

solver : horloges et relations d'implications

FIG. 7.3 – Horloges TESL dans ModHel'X

Dans la deuxième étape de l'algorithme, le moteur d'exécution vérifie s'il existe une horloge *DrivingClock* dans **solver** pouvant déclencher un pas de simulation. Nous devons donc vérifier s'il pourrait y avoir un tic « now » sur une *DrivingClock* selon les spécifications d'horloges définies dans **solver**.

Cependant, les tics présents sur les *DrivingClocks* peuvent n'être liés à aucun tic « now » d'une autre horloge, cela est tout à fait normal étant donné que les occurrences des *DrivingClocks* sont les déclencheurs principaux des évènements produits dans le modèle global au cours de sa simulation, leurs occurrences ne deviennent « now » que lorsque les occurrences des évènements qu'elles modélisent se produisent réellement.

Les horloges *greedy* de TESL offrent une solution à ce problème. En mettant les *Driving-Clocks* en mode *greedy*, le solveur TESL pourra rendre leurs tics « now » si les spécifications le permettent comment nous l'avons présenté dans 6.2.4.1. Ainsi, le moteur d'exécution enregistre une copie de l'état actuel de ces horloges, il réalise ensuite un premier appel de la fonction *solve()* de **Solver** après avoir mis les *DrivingClocks* en mode *greedy*. Chaque tic « now » présent sur une horloge *DrivingClock* après l'appel de cette fonction signifie qu'un pas de simulation est susceptible d'être déclenché par cette horloge.

S'il existe au moins une horloge *DrivingClock* ayant un tic « now » à la fin de cette étape, le moteur d'exécution définit cette horloge comme étant susceptible de déclencher un pas de simulation et passe à la troisième étape de l'algorithme. Dans le cas contraire, aucune *DrivingClock* n'est susceptible de faire progresser la simulation, la simulation est donc terminée.

Le moteur d'exécution vérifie aussi, après l'appel de la fonction *solve* en mode *greedy*, si un tic « now » est présent sur **stopClock**. Si c'est le cas, le moteur d'exécution arrête la simulation du modèle.

Avant de passer à la troisième étape de l'algorithme, le moteur d'exécution remet chaque horloge à son état initial au début de cette étape.

7.3.3 Déterminer les occurrences des évènements associés au modèle global durant un pas de simulation

À cette étape de l'algorithme, nous savons qu'un pas de simulation va être réalisé dès la présence d'un tic « now » sur les *DrivingClocks* déterminées dans la deuxième étape de l'algorithme. Le moteur d'exécution devient alors *écouteur* sur ces horloges et attend l'instant où un de leurs tics devient « now ».

Dès l'arrivée de cet instant, le moteur d'exécution doit déterminer les occurrences des évènements associés au modèle global qui se produisent durant ce pas de simulation. Il réalise donc un deuxième appel de la fonction *solve* pour déterminer tous les tics « now » et leurs étiquettes (voir 6.2.4). Aucune horloge n'est « greedy » cette fois, nous cherchons à déterminer uniquement les tics « now » selon les spécifications définies.

S'il existe un tic « now » sur **snapshotClock** après l'appel de cette fonction, nous savons qu'il existe au moins une occurrence d'un évènement associé au modèle global qui doit se produire à cet instant, le moteur d'exécution passe alors à la quatrième étape de l'algorithme. Dans le cas contraire, aucune observation du modèle global n'est nécessaire, sa simulation est donc terminée.

7.3.4 Réaliser le snapshot

À cette étape de l'algorithme, nous savons qu'une observation du modèle global va être effectuée. Chaque sous-modèle devant être observé à cet instant possède un tic « now » sur son horloge. De plus, si le sous-modèle en question est associé à une sémantique de temps, le tic « now » sur son horloge porte une étiquette spécifiant sa date courante. Le moteur d'exécution réalise alors trois tâches successives :

(**1**) Il met à jour le modèle global et détermine son prochain état à la fin de cette observation. Pour cela, le contrôle est donné à chaque composant associé à une horloge ayant un tic « now » pour qu'il soit observé. L'état final du modèle global est déterminé à l'instant où il n'existe plus de comportements possibles pouvant être réalisés pour tous les sous-modèles.

(**2**) Toutes les occurrences des évènements pouvant être réalisées au cours de cette observation ont été prises en considération, le moteur d'exécution supprime alors tous les tics présents sur les différentes horloges associées au modèle global.

(**3**) Le moteur d'exécution détermine les occurrences des évènements déclencheurs de la prochaine observation du modèle global. Il passe alors le contrôle à chaque sous-modèle ainsi qu'à chaque composant source devant être observé au prochain pas de simulation. Chacun d'eux crée ainsi un tic « now » étiqueté sur son horloge.

Après la réalisation successive de ces tâches, le moteur d'exécution retourne à la deuxième étape de l'algorithme et continue la simulation du modèle global.

7.4 Conclusion

Nous avons vu dans ce chapitre comment le moteur d'exécution de ModHel'X se fonde sur le modèle TESL pour effectuer la simulation d'un modèle hétérogène. La suite de ce mémoire est consacrée à la mise en œuvre de ces travaux. Nous présentons d'abord l'implémentation des trois MoCs DE, TFSM et SDF ainsi que les composants d'interface DE-TFSM et DE-SDF dans ModHel'X, et présenterons ensuite la simulation d'un exemple de modèle hétérogène composé de trois sous-modèles régis respectivement par ces MoCs.

Troisième partie

Mise en œuvre

Chapitre 8

Implémentation

8.1 Introduction

Nous avons présenté ModHel'X dans 4.5.4 où nous avons détaillé son algorithme de simulation général, nous y avons ensuite intégré TESL et avons présenté la nouvelle version de son algorithme dans 7.3. Nous entamons la mise en œuvre de ces travaux par une présentation dans ce chapitre de l'implémentation actuelle des MoCs DE, TFSM et SDF ainsi que des composants d'interface DE-TFSM et DE-SDF dans ModHel'X. Nous nous focalisons uniquement sur les conséquences d'intégration de TESL, ainsi certains détails d'implémentation ne sont pas présentés pour des raisons de simplification.

L'objectif de ce chapitre est de donner une idée au lecteur sur l'implémentation de ModHel'X pour mieux comprendre la simulation de notre cas d'étude présenté dans le chapitre suivant.

8.2 Implémentation des MoCs

Chaque MoC implémenté dans ModHel'X hérite d'une classe abstraite *ModelOfComputation* qui définit principalement cinq fonctions : **setup**, **reset**, **update**, **endOfSnapshot** et **emitObservationRequests**. Ces fonctions sont appelées par le moteur d'exécution tout au long de la simulation, elles sont ensuite propagées par le MoC qui régi le modèle racine vers tous les composants du modèle grâce au polymorphisme.

La fonction **setup** est appelée une seule fois durant la première étape de l'algorithme de simulation, le reste des fonctions concernent la quatrième étape de l'algorithme (figure 7.2), elles sont donc appelées à chaque pas de simulation.

Nous présentons dans ce qui suit l'implémentation de trois MoCs différents, en nous focalisant sur leur comportement lors de l'appel de ces cinq fonctions. Nous rappelons ici que l'algorithme de simulation de ModHel'X suite à l'intégration de TESL est présenté dans 7.3.

8.2.1 MoC DE

Un MoC DE dans ModHel'X possède essentiellement quatre attributs : une horloge **deClock** associée au domaine d'étiquette *Double*, un attribut **currentTime** de type *Double* représentant le temps courant d'un modèle DE au cours d'un *snapshot* et une liste **events** contenant les évènements DE à traiter.

- **setup** : l'appel de cette fonction permet au MoC DE de trier les composants du modèle selon un ordre topologique pour des raisons d'optimisation algorithmique d'une part, et de rajouter l'horloge **deClock** à l'attribut **solver** du moteur d'exécution d'une autre part.

  L'appel de cette fonction est propagé par le MoC DE vers les différents composants du modèle. Cette propagation permet à chaque composant source d'initialiser ses paramètres et de créer l'instance de son horloge et ses relations TESL avec l'horloge **deClock** comme nous l'avons mentionné dans 7.3.1 d'une part, et de créer le tic initial sur son horloge correspondant à sa première observation d'une autre part. Toutes les horloges et les relations TESL associées aux composants sources sont ajoutées à l'attribut **solver** du moteur d'exécution à la fin de cet appel.

- **reset** : l'appel de cette fonction permet au MoC DE de déterminer les évènements DE à traiter au début de chaque itération d'un *snapshot* (voir 4.5.4). Pour cela, le MoC DE parcours tous les composants du modèle pour déterminer ceux qui possèdent un tic « now » sur leurs horloges, il associe alors une instance de la classe *UpdateTrigger* à chaque composant vérifiant cette condition et le rajoute à son attribut **events** pour que le composant en question soit observé à cet instant. Les instances de *UpdateTrigger* permettent au moteur d'exécution de mémoriser le fait qu'un composant doit être observé au cours d'un pas de simulation.

  Le MoC DE met aussi à jour son attribut **currentTime** lors de l'appel de cette fonction, en déterminant l'étiquette associée au tic « now » présent sur l'horloge **deClock** à cet instant.

  L'appel de cette fonction est aussi propagé par le MoC DE vers les composants du modèle. Cette propagation permet à certains composants de rétablir leurs paramètres initiaux avant chaque *snapshot*. Elle permet, à titre exemple, de supprimer les données à afficher qui ont été enregistrées par un afficheur DE lors du précédent *snapshot*.

- **update** : chaque appel de cette fonction permet au MoC DE de déclencher une observation d'un composant associé à un évènement DE présent dans **events**, en propageant l'appel de cette fonction vers le composant en question.

  Chaque évènement DE présent dans **events** est supprimé à la fin de l'observation du composant qui lui est associé. Ainsi, l'appel de cette fonction est répété durant un *snapshot* d'un modèle DE tant qu'il existe un évènement DE présent dans **events**.

- **endOfSnapshot** : l'appel de cette fonction est réalisé à la fin de chaque *snapshot* lorsque ce dernier à été validé, il est directement propagé par le MoC DE vers tous les composants du modèle.

  À l'appel de cette fonction, chaque composant ayant été observé durant ce *snapshot* confirme le comportement qu'il a réalisé en validant son état actuel. Chaque composant source détermine alors la date de sa prochaine observation, ainsi que la nouvelle valeur de la donnée qu'il doit produire lors de sa prochaine observation.

- **emitObservationRequests** : l'appel de cette fonction permet de créer les nouveaux tics correspondants aux prochaines occurrences des évènements à traiter durant le prochain *snapshot* (dernière tâche de la quatrième étape de l'algorithme de simulation). Cet appel est directement propagé vers les composants du modèle, chaque composant source crée alors un tic sur son horloge portant l'étiquette correspondant à la date de sa prochaine observation déterminée précédemment.

8.2.2 MoC TFSM

Nous définissons les états et transitions d'un modèle TFSM dans ModHel'X par des composants et des relations. Chaque état est représenté par un composant atomique qui ne définit aucun comportement, il possède simplement des entrées et des sorties lui permettant de se connecter avec d'autres composants. Les transitions entre états sont représentées par des relations entre les composants du modèle. Chaque relation possède un paramètre *garde* pour spécifier la garde de la transition et un paramètre *action* pour spécifier l'éventuelle action de la transition.

Un MoC TFSM dans ModHel'X possède principalement cinq attributs : une horloge **tfsmClock** associée au domaine d'étiquettes *Double*, un attribut **currentTime** de type *Double* définissant le temps courant du modèle durant un *snapshot*, un composant **currentState** faisant référence à l'état courant de l'automate durant un *snapshot* pour le mémoriser, un attribut **timeOfEntry** de type *Double* permettant de mémoriser la date d'entrée de l'état courant, et enfin, une liste **tfsmEvents** contenant les évènements reçus sur les entrées du modèle au début de chaque *snapshot*.

Un modèle TFSM réagit uniquement à ses entrées ou à l'écoulement du temps, ses composants ne possèdent aucun comportement dans ModHel'X, ils modélisent simplement les différents états possibles dans lesquels l'automate peut se trouver au cours de la simulation. Ainsi, contrairement à un modèle DE, les fonctions présentées ici ne concernent que le MoC TFSM, la propagation de leurs appels vers les composants du modèle TFSM n'implique aucun comportement selon leurs implémentation actuelle dans ModHel'X.

- **setup** : l'appel de cette fonction permet au MoC TFSM d'initialiser son attribut **currentState** à l'état initial de l'automate spécifié par le concepteur d'une part, et de rajouter l'horloge **tfsmClock** à l'attribut *solver* du moteur d'exécution d'une autre part.

- **reset** : l'appel de cette fonction permet au MoC TFSM de déterminer les transitions temporisées pouvant être activées durant ce *snapshot*. Il détermine pour cela la date résultant de l'addition du délai de chaque transition sortante temporisées à la date d'entrée de l'état courant **timeOfEntry**, et la compare ensuite avec celle de son attribut **currentTime**. Si les deux dates coïncident, la *garde* de la transition temporisée sortante qui permet de vérifier cette condition est rajoutée à l'attribut **tfsmEvents**.

  Le MoC TFSM met aussi à jour son attribut **currentTime** à l'appel de cette fonction, en utilisant l'étiquette associée au tic « now » présent sur l'horloge **tfsmClock** à cet instant.

- **update** : l'appel de cette fonction permet au MoC TFSM d'activer la transition sortante possible de l'état courant pour passer au prochain état de l'automate. Il détermine pour cela la relation modélisant cette transition qui lie le composant définissant l'état courant au composant modélisant le prochain état de l'automate. Cela est réalisé en déterminant la première transition qui peut être activée par les évènements présents dans **tfsmEvents**.

  Ainsi, l'automate passe à son prochain état suite à l'activation de la transition sortante déterminée, le MoC TFSM stocke alors dans son attribut **currentState** l'état de l'autre extrémité de la transition déterminée, et stocke dans son attribut **timeOfEntry** le temps courant défini dans son attribut **currentTime**.

  Si transition activée permet de déclencher une action TFSM, cette action est alors présente dans le paramètre *action* de la relation modélisant la transition activée. Le MoC TFSM produit dans ce cas un jeton et le pose sur la sortie correspondante du modèle.

- **endOfSnapshot** : l'appel de cette fonction est réalisé à la fin de chaque *snapshot* lorsque ce dernier a été validé. Le MoC TFSM supprime alors tous les évènements présents dans son attribut **tfsmEvents**. Les évènements TFSM présents au début du *snapshot* ne concernent que le *snapshot* en cours, ceux qui n'ont pas été utilisés ne sont pas sauvegardés pour un prochain *snapshot*.

- **emitObservationRequests** : étant donné que la réception de jeton sur les entrées d'un modèle TFSM n'est réalisée que durant un pas de simulation et suite à une propagation de données, les demandes d'observations de ce modèle ne sont effectuées que lorsque l'automate entre dans un état ayant une transition sortante temporisée.

  Ainsi, si le nouvel état courant de l'automate possède une transition sortante temporisée, l'appel de cette fonction permet de créer un nouveau tic sur l'horloge *tfsmClock* correspondant à une prochaine observation du modèle TFSM, L'étiquette de ce tic est déterminée en rajoutant le délai de la transition temporisée à la date d'entrée **timeOfEntry** du nouvel état courant.

8.2.3 MoC SDF

Un modèle SDF a un comportement prédéfini avant le début de la simulation. Une observation d'un modèle SDF dans ModHel'X est une suite d'itérations (appels de la fonction **update**) durant un *snapshot*, où chaque itération correspond à une observation d'un composant du modèle selon un ordre déterminé, jusqu'à arriver au prochain point fixe du modèle (voir 2.3.3).

Un MoC SDF dans ModHel'X possède principalement trois attributs : une horloge **sdfClock** associée au domaine d'étiquettes *Unit* (singleton), une liste **scheduledBlocks** contenant les composants du modèle ordonnés topologiquement et présents autant de fois que leurs nombre d'observations nécessaires durant un *snapshot*, un itérateur **schedule** faisant référence à la liste **scheduledBlocks**, et un composant **currentBlock** faisant référence au composant à observer au cours d'une itération (fonction **update**) d'un *snapshot*.

- **setup** : l'appel de cette fonction permet au MoC SDF de déterminer l'ordre d'observation des composants du modèle durant chaque *snapshot*. Ainsi, le MoC SDF ajoute les composants du modèle à la liste **scheduledBlocks**, ordonnés selon la suite d'observations à effectuer durant chaque *snapshot*.

  Le MoC SDF propage aussi les données présentes sur les entrées du modèle vers les entrées des composants auxquels elles sont connectées. Il ajoute aussi l'horloge *sdfClock* à l'attribut **solver** du moteur d'exécution.

  Si le modèle SDF est le modèle racine, le MoC SDF crée un tic flottant sur l'horloge **sdfClock** permettant de déclencher sa première observation. Dans le cas contraire, c'est le composant d'interface dans lequel il se trouve qui se charge de déterminer ses instants d'observations comme nous l'avons présenté dans 7.2.1.

  L'appel de cette fonction est propagé vers les composants du modèle pour que chacun puisse initialiser ses paramètres avant le début de la simulation.

- **reset** : l'appel de cette fonction permet au MoC SDF d'associer à **schedule** un itérateur sur la liste **scheduledBlocks**. Sa propagation vers les composants du modèle permet à chaque composant de remettre son état à celui du dernier état validé au cours de la simulation. Cela permet au moteur d'exécution de recommencer un *snapshot* si ce dernier n'a pas été validé.

- **update** : chaque appel de cette fonction permet au MoC SDF de déclencher une observation du composant référencé par son attribut **currentBlock**. Ce dernier est déterminé à chaque début d'un *snapshot* en faisant avancer l'itérateur **schedule** d'un pas. Les entrées et sorties d'un composant SDF dans MoHel'X sont pondérées, chaque entrée ou sortie possède un paramètre *pinRate* définissant le nombre d'échantillons de données requis par cette dernière. Chaque composant consomme alors le nombre d'échantillons de données requis et présent sur chacune de ses entrées, et produit le nombre d'échantillons de données requis sur chacune de ses sorties.

- **endOfSnapshot** : l'appel de cette fonction est directement propagé par le MoC SDF vers tous les composants du modèle ; chaque composant valide alors son état actuel.

- **emitObservationRequests** : l'appel de cette fonction permet de déterminer le prochain instant d'observation du modèle SDF au cours de la simulation. Si le modèle SDF est un modèle racine, le MoC créé un tic flottant sur l'horloge **sdfClock** signifiant que ce dernier doit être observé le plus tôt possible. Dans le cas contraire, c'est le composant d'interface dans lequel le modèle se trouve qui se charge de déterminer sa prochaine observation.

8.3 Implémentation des InterfaceBlocks

Chaque composant d'interface dans ModHel'X hérite d'une classe abstraite *InterfaceBlock*. Cette classe redéfinit les différentes fonctions présentées précédemment pour les propager vers leurs modèles internes grâce au polymorphisme. De plus, cette classe définit deux fonctions **adaptIn** et **adaptOut** pour réaliser l'adaptation sémantique en entrée et en sortie à la frontière entre deux modèles comme nous l'avons présenté dans la section 7.2.

Les composants d'interfaces permettent de définir une des multiples adaptations possibles entre deux MoCs, chaque implémentation d'un composant d'interface représente un exemple d'adaptation possible. Nous présentons dans ce qui suit l'implémentation de deux composants d'interfaces DE-TFSM et DE-SDF, en nous focalisant sur ces différentes fonctions. Nous présentons uniquement les fonctions qui définissent un comportement particulier pour les composants d'interfaces, autre que celui de propager simplement l'appel à leurs modèles internes.

8.3.1 InterfaceBlock DE-TFSM

Un composant d'interface DE-TFSM permet de spécifier l'adaptation sémantique entre deux modèles qui (1) réagissent instantanément à leurs entrées (premier cas pour l'adaptation sémantique du contrôle dans la section 7.2.1), (2) et possèdent tout les deux une notion de temps différente (premier cas pour l'adaptation sémantique du temps dans la section 7.2.2).

- **setup** : l'appel de cette fonction permet de spécifier l'adaptation sémantique du temps et du contrôle entre le modèle externe DE et le modèle interne TFSM. Pour cela, le composant d'interface définit (1) une relation d'implication « $tfsmClock$ **implies** $deClock$ », où $tfsmClock$ et $deClock$ sont les horloges associées respectivement aux modèles DE et TFSM, et (2) une relation affine d'étiquettes composée des deux fonctions « $d(t_{DE}) = \alpha * t_{TFSM} + \beta$ » avec $\alpha > 0$ et « $r(t_{TFSM}) = \frac{1}{\alpha} * t_{DE} - \frac{\beta}{\alpha}$ », où t_{DE} et t_{TFSM} sont deux étiquettes de deux tics qui coïncident, associés respectivement aux horloges $deClock$ et $tfsmClock$. Ces relations sont ajoutées à l'attribut **solver** du moteur d'exécution.

- **update** : à l'appel de cette fonction, le composant d'interface fait appel à sa fonction **adaptIn** pour adapter la sémantique en entrée du modèle TFSM. Il propage ensuite cet appel vers son modèle interne pour que ce dernier soit observé à cet instant, et fait ensuite appel à sa fonction **adaptOut** pour adapter la sémantique en sortie du modèle TFSM.

- **adaptIn** : à l'appel de cette fonction, le composant d'interface adapte les données reçues par le modèle DE sur ses entrées en des jetons mis sur les entrées adéquates du modèle TFSM. L'adaptation sémantique des données est encore spécifiée d'une manière ad-hoc dans ModHel'X comme nous l'avons mentionné précédemment, elle doit être redéfinie pour chaque exemple de modèle hétérogène en spécifiant une correspondance entre les valeurs des évènements DE reçus et les entrées du modèle TFSM interne.

  Le composant d'interface crée ensuite un tic « now » sur l'horloge de son modèle interne spécifiant que ce dernier doit être observé à cet instant, et fait appel à la fonction *solve* du moteur d'exécution pour déterminer l'étiquette de ce tic, qui correspond à la date courante du modèle TFSM.

- **adaptOut** : à l'appel de cette fonction, le composant d'interface adapte les évènements présents sur les sorties du modèle TFSM en des évènements DE mis sur son interface de sortie. Cette adaptation est réalisée en spécifiant une correspondance entre les sorties du modèle TFSM et les valeurs des évènements DE produits, elle doit aussi être redéfinie pour chaque exemple de modèle hétérogène. Les évènements DE nouvellement produits sont pris en considération par le modèle DE durant le même *snapshot*.

8.3.2 InterfaceBlock DE-SDF

Le modèle SDF interne d'un composant d'interface DE-SDF (1) a un comportement indépendant de ces entrées (deuxième cas pour l'adaptation sémantique du contrôle dans la section 7.2.1), et (2) ne possède pas de notion de temps (deuxième cas pour l'adaptation sémantique du temps dans la section 7.2.2).

Nous choisissons dans cette implémentation d'attribuer un comportement périodique au modèle interne SDF suivant l'échelle de temps du modèle DE. De plus, ce composant d'interface ne produit un évènement DE en sortie que s'il y a un changement de valeur dans le flux de données généré par le modèle SDF interne.

Pour cela, le composant d'interface possède essentiellement une horloge, deux paramètres et deux variables : une horloge **ibClock** pour associer une notion de temps aux instants d'observation du modèle SDF, un paramètre **initialObservationTime** définissant la date en temps DE de la première itération du modèle SDF, un paramètre **observationPeriod** définissant une durée en temps DE séparant deux itérations du modèle SDF, une variable **nextObservationTime** définissant la date en temps DE de la prochaine itération du modèle SDF à la fin d'un *snapshot*, et une variable **currentPinValue** de type *HashMap* permettant au composant d'interface de mémoriser les données qu'il reçoit sur chacune de ses entrées, dans le cas où l'instant de sa réception ne coïncide pas avec une itération du modèle SDF, et les données qu'il produit sur chacune de ses sorties à chaque changement de valeur du flux de données produit par son modèle interne.

- **setup** : l'appel de cette fonction permet de spécifier l'adaptation sémantique du temps et du contrôle entre le modèle externe DE et le modèle interne SDF. Pour cela, le composant d'interface (1) définit une relation d'implication « *sdfClock* **implies** *deClock* », où *sdfClock* et *deClock* sont les horloges associées respectivement aux modèles DE et SDF, et (2) crée un tic avec l'étiquette **initialObservationTime** sur son horloge **ibClock** définissant l'instant de la première itération du modèle SDF.

  Le composant d'interface définit aussi la relation « *ibClock* **implies** *sdfClock* » spécifiant que chaque tic « now » présent sur **ibClock** implique un tic « now » sur **sdfClock**, et ainsi une observation du modèle SDF. L'horloge **ibClock** ainsi que les relations d'implication définies sont rajoutées à l'attribut **solver** du moteur d'exécution.

- **update** : à l'appel de cette fonction, le composant d'interface fait appel à sa fonction **adaptIn** pour adapter la sémantique en entrée du modèle SDF. Si un tic « now » est présent sur l'horloge **ibClock**, le composant d'interface propage ensuite l'appel de cette fonction vers son modèle interne pour qu'il réalise une itération. Un appel de la fonction **adaptOut** est réalisé à la fin de cette fonction pour adapter la sémantique en sortie du modèle SDF.

- **adaptIn** : à l'appel de cette fonction, le composant d'interface met à jour son attribut **currentPinValue** si un nouvel évènement DE est reçu sur l'une de ses entrées à cet instant.

- **adaptOut** : à l'appel de cette fonction, le composant d'interface vérifie s'il y a eu un changement de valeur de l'échantillon de données produit par son modèle interne après une itération. Si c'est le cas, le composant d'interface met à jour son attribut **current-PinValue** et produit un évènement DE sur sa sortie portant une donnée déterminée selon une correspondance définie entre les échantillons de données SDF et les données des évènements DE. Cette correspondance doit aussi être redéfinie pour chaque exemple de modèle hétérogène.

8.4 Conclusion

Nous avons vu dans ce chapitre comment les MoCs DE, TFSM et SDF d'une part, et les composants d'interface DE-TFSM et DE-SDF d'une part, sont implémentés dans ModHel'X. Nous présentons dans le prochain chapitre un cas d'étude d'un modèle hétérogène constitué d'un modèle racine DE, d'un sous-modèle TFSM et d'un sous-modèle SDF. Nous verrons comment l'adaptation sémantique d'un tel système est spécifiée, et comment sa simulation est réalisée dans ModHel'X.

Chapitre 9

Cas d'étude : Système de lève-vitre automatique

9.1 Introduction

Par ces travaux, nous proposons une solution où l'adaptation sémantique du temps et du contrôle dans un modèle hétérogène hiérarchique est spécifiée au cours de sa simulation par des relations d'horloges TESL. Nous avons intégré cette approche dans la plateforme de conception et de simulation de modèle hétérogène ModHel'X et nous avons présenté le principe de cette solution.

Pour tester notre solution, nous traitons dans ce chapitre un exemple d'un système hétérogène : le système de lève-vitre automatique d'une voiture. Après la décomposition hiérarchique de ce système, présentée dans la section 9.2, nous montrons dans la section 9.3 comment ce dernier est conçu dans ModHel'X et nous terminerons dans la section 9.4 par une présentation des différents pas de simulations de cet exemple.

9.2 Modélisation de l'exemple

La première tâche à effectuer pour modéliser un système hétérogène est de décomposer ce dernier pour distinguer ses différents sous-modèles et les différents paradigmes de modélisation à utiliser pour les concevoir.

Pour l'exemple du lève-vitre automatique d'une voiture, une décomposition possible de ce dernier est présentée sur la figure 9.1. Nous pouvons distinguer trois composants : un premier qui modélise le bouton de commande, un deuxième qui modélise le contrôleur, et un troisième qui

72

modélise la partie électromécanique du système. Ces composants communiquent en s'échangeant des paquets à travers un bus.

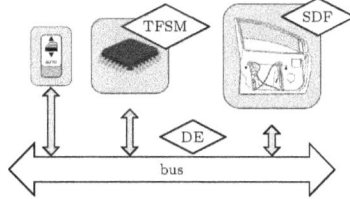

FIG. 9.1 – Structure du système de lève-vitre

La communication sur le bus peut être modélisée par des évènements portant des données qui se produisent à des instants discrets. Pour cela, nous choisissons de modéliser le bus par un modèle racine DE.

Le bouton de commande du système de lève-vitre permet de modéliser les différentes actions possibles de l'utilisateur (ex : *Up* – bouton vers le haut, *Down* – bouton vers le bas, *Neutral* – bouton relâché). Puisque ces actions se produisent à des instants aléatoires au cours du temps, nous modélisons ce bouton de commande par un composant atomique plongé dans le modèle racine DE. Ce bouton émettra des événements étiquetés par une donnée permettant de distinguer entre les trois actions possibles.

Le deuxième composant sur la figure 9.1 est le contrôleur qui gère les différents modes de fonctionnement du système, en interprétant les actions de l'utilisateur émises par le bouton de commande d'une part, et en envoyant des signaux de pilotage au composant électromécanique d'autre part.

Un simple modèle de machine à états finis (modèle *FSM*) semble alors suffisant pour modéliser ce composant. Cependant, nous voulons aussi considérer le mode *one touch* du lève-vitre, un mode automatique d'ouverture ou de fermeture à distinguer du mode manuel. Cela nécessite un comportement temporel de l'automate : le mode manuel ne s'active qu'après l'appui pendant un certain temps sur le bouton de commande du lève-vitre. L'automate inclut donc une transition temporisée : le choix du modèle de machine à états finis temporisé (modèle *TFSM*) devient alors nécessaire.

Le troisième et dernier composant du système modélise toute la partie électromécanique de la fenêtre. Nous choisissons de la décrire par un système périodique grâce à un modèle à flots de données synchrones (modèle *SDF*).

9.3 Conception de l'exemple dans ModHel'X

Nous avons conçu cet exemple dans ModHel'X et le présentons sur la figure 9.2. Le modèle global est composé d'un modèle racine DE, contenant un composant atomique *Switch*, un composant d'interface *Controller* contenant le sous modèle TFSM, et un composant d'interface *Window* contenant le sous-modèle SDF.

9.3.1 Le modèle racine DE

Switch est un composant source modélisant les trois actions possibles de l'utilisateur : (1) « appui sur le bouton de commande vers le haut – *Up* », (2) « appui sur le bouton de commande vers le bas – *Down* », et (3) « relâche du bouton de commande – *Neutral* ». Ces actions sont traduites par des évènements DE portant respectivement la valeur 1, −1 et 0, qui

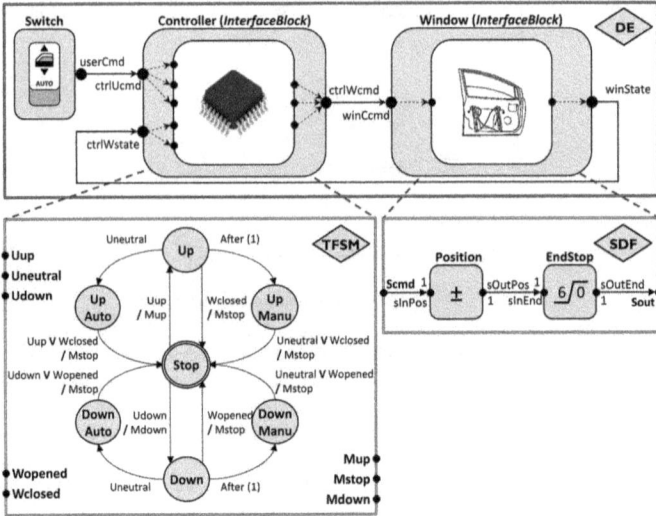

FIG. 9.2 – Modèle du système de lève-vitre sous ModHel'X

sont générés par le composant *Switch* sur son interface de sortie *userCmd* à chaque fois qu'il est observé.

Controller est un composant d'interface contenant un sous-modèle TFSM pour représenter l'automate du système. Il reçoit les évènements DE générés par le composant *Switch* sur son interface d'entrée *ctrlUCmd*, et adapte les évènements TFSM générées par son modèle interne sur son interface de sortie *ctrlWCmd*.

Window est un deuxième composant d'interface contenant un sous-modèle SDF pour représenter la partie électromécanique de la fenêtre. Il reçoit les évènements DE produits par *Controller* sur son interface d'entrée *winCmd*, et adapte le flux de données généré par son modèle interne sur son interface de sortie *winEnd*.

Sur la figure 9.2, les points noirs modélisent les entrées et sorties de ces composants, les flèches noires modélisent leurs relations, et les flèches noires pointillées modélisent l'adaptation sémantique définie dans chaque composant d'interface.

9.3.2   Le sous-modèle TFSM

Notons ici que la structure du modèle TFSM est aussi constituée de composants et de relations, nous avons toutefois choisi une représentation classique "de type automate" de ce modèle sur la figure : chaque état possible est représenté par un cercle gris et chaque transition d'un état à un autre est représentée par une flèche noire. Nous décrivons dans ce qui suit le mouvement ascendant de la vitre (en modes manuel et *one touch*) ; l'autre partie de son comportement est symétrique.

Au début de la simulation, l'automate est à l'état initial *Stop*. Dès la présence d'un jeton sur son entrée *evtUUp* modélisant l'appui de l'utilisateur sur le bouton de commande vers le haut, l'automate passe à l'état *Up* et produit un jeton sur sa sortie *evtWUp* pour activer la montée de la vitre. Les *gardes* et les *actions* des transitions sont séparées par / sur la figure.

Si l'automate reste à l'état *Up* durant 1 unité de temps TFSM, il passe à l'état *UpManu* modélisant l'ouverture manuelle de la vitre. Par contre, si durant cette période l'automate reçoit un jeton sur son entrée *evtUNeutral* spécifiant que l'utilisateur a relâché le bouton de commande, il passe à l'état *UpAuto* modélisant la fermeture automatique de la vitre.

L'automate retourne à l'état initial (*Stop*) et produit un jeton sur sa sortie *evtWStop* pour arrêter la montée de la vitre si une des conditions suivantes est satisfaite : (1) réception d'un jeton sur son entrée *evtWEnd* indiquant que la vitre est complètement fermée, (2) dans l'état *UpManu*, réception d'un jeton sur son entrée *evtUNeutral* indiquant que l'utilisateur a relâché le bouton de commande, (3) dans l'état *UpAuto*, réception d'un jeton sur son entrée *evtUUp* indiquant que l'utilisateur a appuyé une seconde fois sur le bouton de commande vers le haut.

9.3.3 Le sous-modèle SDF

La structure du modèle SDF contient deux composants : *Position* et *EndStop*. *Position* est un accumulateur qui permet de déterminer la position de la vitre à chaque itération de son modèle. Pour simplifier notre exemple, nous supposons que la vitre peut être à sept niveaux différents (niveau 0 quand la vitre est complètement ouverte, niveau 6 quand la vitre est complètement fermée).

L'entrée *sInPos* du composant *Position* est connectée à l'entrée *Scmd* du modèle SDF. Durant chaque itération de ce dernier, *Position* consomme un échantillon de données sur son entrée *sInPos*, pouvant avoir trois valeurs possibles : 1 signifie que le moteur de la vitre est en marche vers le haut à cet instant, -1 signifie que le moteur de la vitre est en marche vers le bas à cet instant et 0 signifie que le moteur de la vitre est arrêté. Il additionne alors cette donnée à celle définissant le niveau actuel de la vitre et produit le résultat obtenu dans un échantillon de données sur sa sortie *sOutPos*. Ce résultat correspond au prochain niveau de la vitre à la fin de l'itération en cours.

EndStop est un comparateur qui permet de fixer la limite de montée de la vitre. Il est connecté par son entrée *sInPos* à la sortie de *Position*. Durant chaque itération du modèle SDF, *EndStop* consomme un échantillon de données sur son entrée *sInPos* définissant le niveau de la vitre à cet instant. Selon la valeur de la donnée consommée, il produit un échantillon de données sur sa sortie *sOutPos* portant une des trois valeurs possibles suivantes : « 1 » si $in \geq 6$, « 0 » si $0 < in < 6$, et « -1 » si $in \leq 0$, où *in* est la valeur de la donnée consommée. La sortie *Sout* du modèle SDF est connectée à la sortie du composant *EndStop*.

9.4 Simulation de l'exemple dans ModHel'X

La simulation du lève-vitre est effectuée selon le paramétrage suivant :

- L'automate est initialement à l'état *Stop* et la vitre est au niveau 0 (complètement ouverte).

- Le temps dans le modèle TFSM est 2 fois plus rapide que le temps dans le modèle DE. Pour cela, nous attribuons aux paramètres α et β du composant d'interface *Controller* respectivement les valeurs 0.5 et 0.0.

- Les itérations du modèle SDF sont périodiques d'une période égale à 0.5 unités de temps DE, sa première itération se déroule à la date 0.0_{DE}. Pour cela, nous attribuons aux paramètres *initialObservationTime* et *observationPeriod* du composant d'interface *Window* respectivement les valeurs 0.0 et 0.5.

- *Switch* produit les évènements DE $(1; 0.75)_{DE}$, $(0; 2)_{DE}$, $(1; 2.5)_{DE}$ et $(1; 3)_{DE}$. Le premier élément de chaque évènement correspond à la valeur de sa donnée (1 pour l'appui sur le bouton–*Up* et 0 quand l'utilisateur relâche le bouton de commande–*Neutral*), le deuxième élément correspond à la date de l'évènement. La figure 9.3 illustre un tel scénario en présentant les différents tics créés par *Switch* au cours de la simulation modélisant les actions de l'utilisateur.

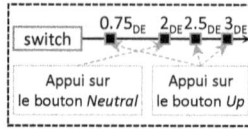

FIG. 9.3 – Scénario de simulation pour le composant *Switch*

- Nous rajoutons à l'attribut **solver** du moteur d'exécution une horloge *ASAPClock* spécifiant que la simulation du modèle se déroule le plus vite possible, et une relation TESL « *snapshotClock* **filtered by** [10, 1, 0, 0] **implies** *stopClock* », spécifiant que la simulation s'arrête après 10 pas de simulation comme présenté sur la figure 9.4.

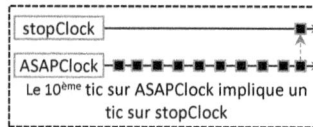

FIG. 9.4 – Scénario de simulation pour les horloges du moteur d'exécution

Après avoir défini le paramétrage désiré, nous démarrons la simulation de notre exemple dans ModHel'X. Le moteur d'exécution créé alors une instance du modèle global et passe à la première étape de l'algorithme de simulation.

9.4.1 Préparation du modèle global pour sa simulation

Au cours de cette étape, le moteur d'exécution initialise les paramètres des différents composants du modèle global et crée les horloges et les relations d'horloges TESL qui lui sont associées comme nous l'avons présenté dans le chapitre 8. Nous présentons dans ce qui suit les différentes horloges et relations d'horloges TESL définis pour notre exemple :

- **Horloges TESL :**

  DEmodel, *TFSMmodel* et *SDFmodel* associées respectivement aux modèles DE, TFSM et SDF, *Switch* associée au composant source du modèle DE, et *Window* associée au composant d'interface du modèle DE pour spécifier l'adaptation sémantique du temps entre son modèle interne et son modèle externe (voir la section 7.2.2).

- **Relations d'horloge TESL internes à un modèle :**

  Nous avons vu dans la section 7.2 que chaque occurrence d'une horloge associée à un composant implique une occurrence de l'horloge associée à son modèle. Pour notre exemple, le moteur d'exécution définit les deux relations d'implication suivantes : « *Switch* **implies** *DEmodel* » et « *Window* **implies** *DEmodel* ».

  De plus, les horloges associées aux composants d'un modèle sont liés à la même échelle de temps que ce dernier. Pour notre exemple, le moteur d'exécution spécifie que les horloges *Switch* et *Window* sont associées au même domaine d'étiquette que celui de l'horloge *DEmodel*.

- **Relations d'horloges pour l'adaptation sémantique du contrôle :**

  Nous avons aussi vu dans la section 7.2 que chaque occurrence de l'horloge associée au modèle interne d'un composant d'interface implique une occurrence de l'horloge associée à son modèle externe. Pour notre exemple, le moteur d'exécution définit les deux relations d'implications suivantes : « $TFSMmodel$ **implies** $DEmodel$ » et « $SDFmodel$ **implies** $DEmodel$ ».

- **Relations d'horloges pour l'adaptation sémantique du temps :**

  Les modèles interne et externe du composant d'interface *Controller* sont associés à deux échelles de temps différentes. Le moteur d'exécution définit une relation affine d'étiquette entre les horloges respectives de ces modèles. Elle est déterminée par les deux fonctions d et r de *Controller* à partir de ses attributs α et β. Ceci donne pour notre exemple : « $d(t_{DE}) = 0.5 * t_{TFSM} + 0$ » et « $r(t_{TFSM}) = 2.0 * t_{TFSM} + 0$ », où t_{DE} et t_{TFSM} sont les étiquettes définissant respectivement la date courante du modèle DE et celle du modèle TFSM durant un pas de simulation.

  Le modèle interne du composant d'interface *Window* n'a pas de notion de temps. Les instants de ces itérations sont donc définis sur l'horloge $Window$ au cours de la simulation comme nous l'avons expliqué dans la section 7.2.2.

- Chaque tic « now » présent sur l'horloge du modèle racine implique un tic « now » sur $snapshotClock$. Le moteur d'exécution définit alors la relation d'implication « $DEmodel$ **implies** $snapshotClock$ ».

- Le moteur d'exécution créé les tics initiaux permettant de déclencher le prochain pas de simulation et la prochaine observation du modèle global.

La figure 9.5 présente les différentes horloges et relations d'implication associées au moteur d'exécution et au modèle global du système de lèvre vitre.

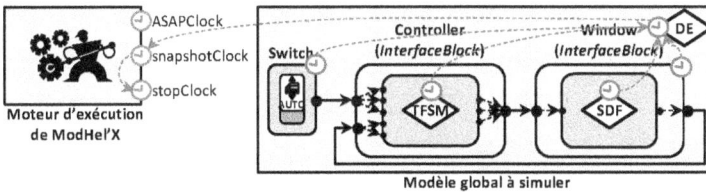

FIG. 9.5 – Horloges et relations d'implication associées au modèle global

Nous présentons l'état de toutes les horloges à la fin de cette étape de l'algorithme sur la figure 9.6. Les rectangles vides représentent les horloges associées au moteur d'exécution de ModHel'X. Les rectangles pleins représentent les horloges associées au modèle global. Les relations d'implication entre ces horloges sont représentées par des flèches noires à droite de la figure. Sur la figure, un tic « now » est présent sur $ASAPClock$ permettant à la simulation de se dérouler le plus tôt possible, un tic avec l'étiquette 0.75_{DE} est présent sur $Switch$ définissant le premier instant d'observation du composant $Switch$, et un tic avec l'étiquette 0.0_{DE} est présent sur $Window$ définissant le premier instant d'observation du modèle SDF.

Le moteur d'exécution rajoute toutes les horloges et leurs relations à son attribut **Solver** et passe à la deuxième étape de l'algorithme pour déterminer les *DrivingClocks* susceptibles de déclencher un pas de simulation.

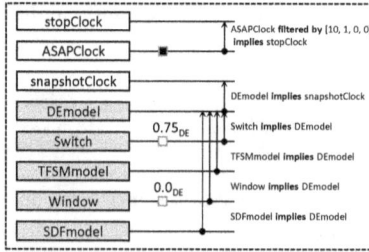

FIG. 9.6 – État initial des horloges avant le début de la simulation

9.4.2 Détermination des *DrivingsClocks*

Le moteur d'exécution met les *DrivingsClocks* en mode *greedy* et fait un premier appel du solveur TESL sur l'ensemble des horloges créées. Aucun tic « now » n'est alors présent sur l'horloge *stopClock*, la simulation peut donc continuer. De plus, un tic « now » est présent sur l'horloge *ASAPClock*, le moteur d'exécution définit cette horloge comme susceptible de déclencher un pas de simulation, il remet toutes les horloges à leurs état initial et passe à la troisième étape de l'algorithme pour réaliser le premier pas de simulation.

9.4.3 Premier pas de simulation

Au début de cette étape, le moteur d'exécution doit attendre la présence d'un tic « now » sur une des *DrivingClocks* déterminées durant l'étape précédente. Or, il existe déjà un tic « now » sur l'horloge *ASAPClock* à cet instant, le moteur d'exécution fait donc un deuxième appel au solveur TESL sur ces horloges pour déterminer la date du prochain *snapshot* du modèle global, ainsi que les composants qui doivent êtres observés à cet instant. La figure 9.7 illustre le résultat obtenu après l'appel de cette fonction. La propagation des tics est représentée par des flèches noires pointillées sur la figure.

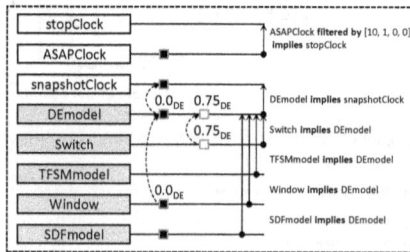

FIG. 9.7 – État des horloges déclenchant le premier *snapshot*

L'horloge *snapshotClock* porte un tic « now » ce qui signifie qu'une observation du modèle global vas être réalisée. L'horloge *DEmodel* porte un tic « now » associé à l'étiquette 0.0_{DE}, ce qui signifie que l'instant d'observation du modèle global est effectuée à la date 0.0_{DE}. Le moteur d'exécution passe alors à la quatrième étape de l'algorithme pour effectuer le premier *snapshot* du modèle global.

9.4.4 Suite de la simulation

La figure 9.8 décrit le résultat de la simulation du système de lève-vitre : nous présentons l'état de toutes les horloges au début de chaque *snapshot*. Les *snapshots* sont numérotés et séparés par un trait pointillé.

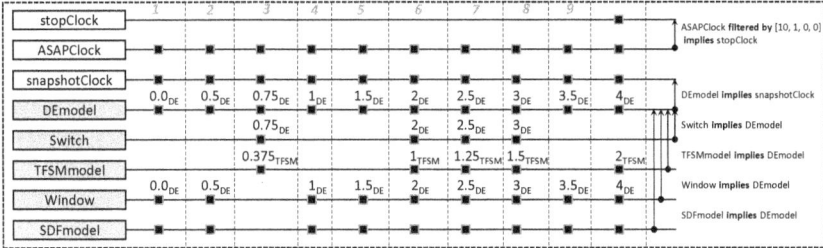

FIG. 9.8 – Simulation du système de lève-vitre

Le premier évènement DE produit par le bloc *Switch* est à l'instant 0.75_{DE}. Cet instant arrive à mi-chemin entre la deuxième et la troisième observation du modèle SDF (0.5_{DE} et 1_{DE}). Au début de la simulation, notre système reste donc à l'état initial pendant deux *snapshots* consécutifs, où seuls des tics « now » présents sur l'horloge *Window* sont déterminés au début de chaque observation du modèle. Ces tics impliquent des tics sur l'horloge *DEmodel*, qui sont propagés sur *snapshotClock* pour réaliser les deux premiers *snapshots* du modèle global.

Au troisième pas de simulation et au début de la troisième étape de l'algorithme, un seul tic « now » est présent sur l'horloge *Switch*, qui est alors propagé sur *DEmodel* et sur *snapshotClock*, permettant la réalisation du troisième *snapshot* à la date 0.75_{DE}. Le modèle TFSM réagit alors à l'évènement DE produit à cet instant, il passe à l'état *Up* et produit l'évènement *evtWUp* à la date 0.375_{TFSM}. Le tic « now » présent sur *TFSMmodel* a été créé durant l'observation du modèle global lors de l'adaptation sémantique du contrôle dans *Controller* comme nous l'avons présenté dans la section 7.2.1.

L'évènement *evtWUp* est adapté par *Controller*, il est pris en considération par le modèle DE à cet instant. Cet évènement est destiné au modèle SDF pour activer la montée de la vitre, mais à cet instant, aucun tic « now » n'est présent sur l'horloge *Window*. L'évènement reçu par *Window* est donc enregistré et ne sera pris en considération par le modèle SDF qu'à sa prochaine itération.

À la fin du troisième *snapshot*, trois demandes d'observation sont déterminées : un tic est créé sur l'horloge *Switch* portant l'étiquette 2_{DE} (pour produire l'évènement $(0;2)_{DE}$), un tic est créé sur l'horloge *TFSMmodel* portant l'étiquette 1.375_{TFSM} (pour passer à l'état *UpManu*), et un tic est créé sur l'horloge *Window* portant l'étiquette 1.5_{DE} (correspondant à la troisième itération du modèle SDF). Cependant, les dates des deux prochaines itérations du modèle SDF (1_{DE} et 1.5_{DE}) devancent celles des autres demandes d'observation du modèle global (2_{DE} et 1.375_{TFSM}). Ainsi, durant le quatrième et le cinquième *snapshot*, seul le modèle SDF est observé (impliquant une observation du modèle DE) ; la vitre passe successivement au premier puis au deuxième niveau.

Le sixième *snapshot* se déroule à la date 2_{DE}. Le composant *Switch* produit alors l'évènement $(0;2)_{DE}$ impliquant le passage du modèle TFSM à l'état *UpAuto*, et la vitre passe au troisième niveau.

Le septième *snapshot* se déroule à la date 2.5_{DE}. Le composant *Switch* produit l'évènement $(1;2.5)_{DE}$ ce qui implique le passage du modèle TFSM à l'état *Stop*. Ce dernier produit alors l'évènement *evtWStop* qui est adapté par *Controller* et immédiatement pris en considération par le modèle DE. Cet évènement est destiné au modèle SDF pour arrêter la montée de la vitre ; il est pris en considération par ce dernier à cet instant qui correspond à sa cinquième itération. La vitre reste donc au troisième niveau.

Le huitième *snapshot* se déroule à la date 3_{DE} où le composant *Switch* est observé pour produire l'évènement $(1; 3)_{DE}$, ce qui implique l'observation du modèle TFSM à l'instant 1.5_{TFSM}. L'automate passe alors à l'état *Up* et produit l'évènement *evtWUp* qui est aussi pris en considération par le modèle SDF au même instant. La vitre passe alors au quatrième niveau et le composant *EndStop* continue de produire la valeur 0 (la vitre n'a toujours pas atteint sa limite).

Deux tics sont créés à la fin du huitième *snapshot* : un tic sur l'horloge *TFSMmodel* portant l'étiquette 2.5_{TFSM} (pour le passage de l'automate à l'état *UpManu*) et un tic sur l'horloge *Window* portant l'étiquette 3.5_{DE} (pour la prochaine itération du modèle SDF). Cependant, la date d'observation du modèle TFSM ($2.5_{TFSM} = 5_{DE}$) est précédée par deux itérations du modèle SDF (3.5_{DE} et 4_{DE}). Ainsi, durant le neuvième et le dixième *snapshot*, seul le modèle SDF est observé (impliquant une observation du modèle DE) ; la valeur produite par le composant *Position* passe successivement à 5 et à 6.

La vitre atteint donc sa limite fixée à 6 au dixième *snapshot*, le modèle SDF produit alors l'échantillon de données portant la valeur 1 qui est adapté en un évènement DE par *Window* et pris en considération par le modèle DE au même instant. Il est ensuite adapté par *Controller* en un évènement TFSM *evtWEnd* ce qui permet à l'automate de passer à l'état *Stop* et de produire l'évènement *evtWStop*.

À la fin du dixième *snapshot* et lors de la deuxième étape de l'algorithme de simulation, un tic « now » est présent sur **stopClock**, impliqué par le dixième tic « now » sur **snapshotClock**. Le moteur d'exécution met donc fin à la simulation.

9.5 Conclusion

Nous avons testé dans ce chapitre notre approche sur un exemple d'un système hétérogène formé de trois modèles régis respectivement par trois MoCs différents. Après avoir conçu ce système dans ModHel'X, nous avons présenté sa simulation où l'adaptation sémantique du temps et du contrôle est spécifiée grâce à des relations d'horloges TESL. Une description plus détaillée du système de lève-vitre automatique ainsi que sa simulation dans ModHel'X est présentée dans [Boulanger 2013].

Les résultats obtenus suite à ce cas d'étude sont satisfaisants et correspondent à nos attentes. La nouvelle version de l'algorithme de simulation de ModHel'X est prometteuse et l'adaptation sémantique du temps et du contrôle d'un modèle hétérogène est à présent modélisée explicitement par paire de modèles.

Nous présentons dans le prochain et dernier chapitre de ce mémoire une conclusion générale où nous parlerons de l'apport de la solution proposée, suivie d'une discussion et quelques perspectives pour ces travaux.

Chapitre 10

Conclusion

L'objectif de cette thèse est d'offrir une solution pour spécifier l'adaptation sémantique lors de la conception d'un système impliquant différents domaines techniques, dans le but de le simuler pour vérifier son comportement. Le principe de l'approche proposée est de modéliser le comportement d'un modèle par un ensemble d'évènements qui se produisent à des instants donnés. Nous pouvons ainsi associer à chaque évènement d'un modèle une horloge et représenter chaque occurrence d'un évènement par un tic étiqueté sur l'horloge associée. Nous pouvons alors définir des relations sur les tics de ces horloges pour spécifier l'adaptation sémantique du contrôle, et des relations sur les étiquettes de ces tics pour spécifier l'adaptation sémantique du temps. L'adaptation sémantique des données est traitée à part.

Nous avons exploré une première approche qui se base sur CCSL (Clock Constraint Specification Language), un langage déclaratif de spécification de contraintes d'horloges, pour spécifier l'adaptation sémantique du temps et du contrôle. Grâce aux horloges et aux contraintes d'horloges CCSL, nous avons pu modéliser trois modèles de natures différentes, et nous avons pu spécifier l'adaptation sémantique du contrôle entre eux. Nous avons pu valider le comportement de ces modèles dans l'outil de résolution de contraintes CCSL TimeSquare. Cependant, il était impossible d'associer des étiquettes aux tics des horloges CCSL, ce qui nous empêchait d'associer une sémantique temporelle aux occurrences des évènements d'un modèle.

Nous inspirant de la notion d'étiquettes dans TSM et de la notion d'horloges et de relations d'horloges dans MARTE et CCSL, un nouveau modèle de temps a été créé à Supélec. Appelé TESL, ce dernier est un langage de spécification d'évènements étiquetés, permettant d'une part de définir des relations entre ces évènements, et d'autre part de définir des relations sur les étiquettes de ces évènements.

Nous associons un évènement TESL à chaque modèle ainsi qu'à chaque composant susceptible de générer du contrôle lors de l'exécution de son modèle. Chaque occurrence d'un évènement associé à un composant implique une occurrence de l'évènement associé à son modèle. Les occurrences de ces évènements définissent les instants d'observation du modèle en question. Les tics de ces évènements sont associés à un domaine d'étiquettes commun, permettant ainsi de spécifier une sémantique de temps propre au modèle.

Notre approche traite le cas de modèles hétérogènes structurés hiérarchiquement. Nous spécifions l'adaptation sémantique du temps et du contrôle d'un tel modèle au niveau de chaque composant d'interface appartenant à un modèle externe et contenant un modèle interne. Pour spécifier l'adaptation sémantique du contrôle, nous définissons une relation d'implication entre les évènements associés au modèle interne et ceux associés au modèle externe de chaque composant d'interface. Dans le cas où ces évènements sont associés à deux domaines d'étiquettes différents, nous définissons une relation entre ces deux domaines d'étiquettes pour spécifier l'adaptation sémantique du temps.

10.1 Discussion

Nous avons présenté dans ce mémoire une solution à base de contraintes d'horloges pour spécifier explicitement l'adaptation sémantique dans un modèle hétérogène structuré hiérarchiquement. Cette solution a été intégrée à la plateforme de conception et de simulation de modèles hétérogène ModHel'X.

ModHel'X est une extension et une généralisation de Ptolemy II [Eker 2003]. Ptolemy II supporte un large choix de MoCs qui peuvent être combinés pour modéliser un système hétérogène. Cependant, l'adaptation sémantique dans Ptolemy II est codée dans le noyau de ce dernier : un concepteur utilisant Ptolemy II devra alors concevoir son système hétérogène en se basant sur cette adaptation implicite. Dans l'approche que nous présentons ici, l'adaptation sémantique entre les MoCs dans ModHel'X est spécifiée explicitement par paire de MoCs à la frontière de deux modèles hétérogènes.

L'idée d'utiliser des contraintes d'horloges pour spécifier l'adaptation sémantique dans un modèle hétérogène est inspirée des travaux de [Mallet 2010] où les auteurs présentent une solution pour modéliser le MoC SDF avec le langage de contraintes d'horloges CCSL. Nous avons présenté une première solution dans le chapitre 5, où nous avons vu qu'avec les contraintes d'horloges CCSL, nous étions capables non seulement de modéliser les MoC DE, TFSM et SDF, mais aussi de modéliser l'adaptation sémantique du contrôle entre eux. Par contre, les tics sur les horloges considérées dans CCSL ne peuvent pas être associés à une sémantique de temps, à part celle définie par leurs numéros qui représentent simplement leur ordre de présence sur l'horloge à laquelle ils sont associés. De ce fait, l'adaptation sémantique du temps n'était possible que pour certains scénarios bien définis.

TSM propose un modèle mathématique (abstrait) où la sémantique du temps est définie par des étiquettes associées aux évènements. MARTE concrétise cette approche en proposant une modélisation UML du temps grâce à des horloges chronologiques associées à des domaines de temps différents. Toutefois, ces horloges font référence au temps physique, mais sont concrètement des horloges discrètes ayant un pas fixe.

Nous avons testé notre approche avec TESL dans ModHel'X sur un cas d'étude d'un modèle hétérogène composé de trois MoCs différents. Nous avons montré qu'il est possible de spécifier l'adaptation sémantique du temps et du contrôle par paires de modèles pour ces trois MoCs. Pour cela, nous définissons, d'une part, des relations d'implication sur les tics d'horloges associées au modèle global pour spécifier l'adaptation sémantique du contrôle et d'autre part, des relations entre les domaines d'étiquettes de ces horloges pour spécifier l'adaptation sémantique du temps.

Un point fort de notre approche est que l'adaptation sémantique est spécifiée explicitement, cela permet de définir des patrons d'adaptation paramétrables et utilisables dans différents modèles. De plus, cette approche rend la spécification de l'adaptation sémantique d'un modèle hétérogène hiérarchique triviale ; elle se résume à de simples relations d'horloges, contrairement à une structure algorithmique moins évidente à comprendre et à définir.

TESL définit une notion de temps continu, qui peut être liée au temps réel grâce aux *DrivingClocks* comme nous l'avons vu dans la partie 7.3.2 de ce mémoire. Grâce à cette approche, nous pouvons simuler précisément des modèles qui font appel à diverses notions de temps (temps continu, temps discret, etc).

À notre connaissance, aucune autre approche permettant de spécifier cette adaptation sémantique par des horloges et des contraintes entre elles tout en restant dans le contexte de la modélisation par composants n'a été proposée jusqu'à maintenant.

10.2 Perspectives

L'approche proposée ne traite pas l'adaptation sémantique des données. Cependant, les données peuvent aussi générer du contrôle lors de la simulation d'un modèle hétérogène. L'exemple du lève-vitre montre ce cas, où la génération d'un évènement DE par le composant d'interface *Window* n'est effectuée que lors d'un changement de valeur de la donnée fournie par le modèle SDF. Une solution possible est de définir une structure de données liée aux tics des horloges TESL. Chaque tic d'une horloge serait alors lié à une donnée qui diffère d'un MoC à un autre. Nous pouvons ainsi spécifier des contraintes sur les données des tics pour définir leurs adaptations sémantiques par paire de MoCs. Ceci fera l'objet de travaux ultérieurs.

Néanmoins, même si TESL prend en charge une part importante de l'adaptation sémantique, il est toujours nécessaire d'écrire un code Java volumineux, interagissant avec l'API de TESL, distribué dans plusieurs méthodes de la sémantique abstraite, pour implémenter un adaptateur comme nous l'avons présenté dans le chapitre 8 de ce mémoire. Des travaux sur cette problématique ont été effectués au département informatique de Supélec. Cela a abouti à la création d'un langage dédié (DSL) pour l'adaptation sémantique [Meyers 2013], ce qui permet de spécifier un adaptateur de façon entièrement déclarative. Ainsi, plus de 300 lignes de code Java sont réduites à moins de 25 lignes de déclarations dans le DSL. Ces travaux sont prometteurs et seront poursuivis.

Le travail présenté dans ce mémoire sur l'adaptation sémantique entre MoC pourrait s'étendre à la description des MoC eux-mêmes. La description d'un MoC se résumera ainsi à quelques évènements et relations TESL entre eux, ce qui doit être comparé à sa description actuelle : en général plusieurs centaines de lignes de code Java. De plus cela rendrait le modèle vérifiable et permettrait donc son analyse formelle.

Nous utilisons aussi TESL pour adapter la simulation avec l'environnement réel grâce aux *DrivingClocks* comme nous l'avons vu dans la partie 7.3.2 de ce mémoire. Nous pouvons envisager d'adapter cette approche pour spécifier l'adaptation sémantique dans le contexte de la co-simulation, où chaque modèle est simulé par un moteur d'exécution différent. Chaque moteur d'exécution sera ainsi associé à des *DrivingClocks* différents ; nous pourrons alors spécifier des relations entre ces horloges pour synchroniser différents moteurs d'exécution. Ceci favoriserait l'interaction entre différentes plateformes de simulation.

Notons aussi que TESL est créé pour la simulation : les tics des horloges sont créés par les composants, qui reçoivent le contrôle au cours de la simulation. Cela rend TESL moins vérifiable que CCSL qui est plus formel. En CCSL les tics sont créés uniquement par le solveur, ce qui permet de vérifier la consistance des relations d'horloges et de détecter des deadlocks comme nous l'avons mentionné dans [Boulanger 2012]. Nous pouvons envisager d'établir des liens entre TESL et CCSL. De la sorte, des MoCs abstraits pourraient être définis avec CCSL, sur lesquels il serait possible de prouver des propriétés. Nous pourrions ensuite montrer que les MoCs dans ModHel'X sont des raffinements de ces MoCs abstraits. Des travaux sont en cours au département informatique de Supélec pour exprimer ModHel'X avec le langage formel event-B [Metayer 2005], ce qui offrira également la possibilité de prouver des propriétés.

Table des figures

Bibliographie

[Agrawal 2004]   Aditya Agrawal, Gyula Simon et Gabor Karsai. *Semantic translation of Simulink/Stateflow models to hybrid automata using graph transformations*. Electronic Notes in Theoretical Computer Science, vol. 109, pages 43–56, 2004.

[André 2007]   Charles André. *Le temps dans le profil UML MARTE*. Rapport technique RR-2007-19, I3S, Sophia-Antipolis, (F), Juillet 2007. `http://www.i3s.unice.fr/~Emh/RR/2007/RR-07.19-C.ANDRE.pdf`.

[André 2007]   Charles André, Frédéric Mallet et M-A Peraldi-Frati. *A multiform time approach to real-time system modeling ; application to an automotive system*. In Industrial Embedded Systems, 2007. SIES'07. International Symposium on, pages 234–241. IEEE, 2007.

[Basu 2006a]   Ananda Basu. *BIP illustrative toy examples*, 2006. `http://www-verimag.imag.fr/~iosif/ProgramVerificationHomepage/quinton-branch/bipExamples.php`.

[Basu 2006b]   Ananda Basu, Marius Bozga et Joseph Sifakis. *Modeling heterogeneous real-time components in BIP*. In Software Engineering and Formal Methods, 2006. SEFM 2006. Fourth IEEE International Conference on, pages 3–12. Ieee, 2006.

[Basu 2011]   Ananda Basu, Saddek Bensalem, Marius Bozga, Jacques Combaz, Mohamad Jaber, Thanh-Hung Nguyen, Joseph Sifakis*et al.* *Rigorous component-based system design using the BIP framework*. 2011.

[Boulanger 2008]   Frédéric Boulanger et Cécile Hardebolle. *Simulation of Multi-Formalism Models with ModHel'X*. In Software Testing, Verification, and Validation, 2008 1st International Conference on, pages 318–327. IEEE, 2008.

[Boulanger 2011]   Frédéric Boulanger, Cécile Hardebolle, Christophe Jacquet et Dominique Marcadet. *Semantic adaptation for models of computation*. In Application of Concurrency to System Design (ACSD), 2011 11th International Conference on, pages 153–162. IEEE, 2011.

[Boulanger 2012]   Frédéric Boulanger, Ayman Dogui, Cécile Hardebolle, Christophe Jacquet, Dominique Marcadet et Iuliana Prodan. *Semantic Adaptation Using CCSL Clock Constraints*. In Jörg Kienzle, éditeur, Models in Software Engineering, volume 7167 de *Lecture Notes in Computer Science*, pages 104–118. Springer Berlin Heidelberg, 2012.

[Boulanger 2013]   Frédéric Boulanger, Christophe Jacquet, Cécile Hardebolle et Ayman Dogui. *Heterogeneous Model Composition in ModHel'X : the Power Window*

| | *Case Study*. In Proceedings of Gemoc 2013, Workshop on the Globalization of Modeling Languages, page 10 pages, Miami, Florida, USA, Sep 2013. |

[Bozga 2009]   Marius Dorel Bozga, Vassiliki Sfyrla et Joseph Sifakis. *Modeling synchronous systems in BIP*. In Proceedings of the seventh ACM international conference on Embedded software, pages 77–86. ACM, 2009.

[Brooks 2008a]   Christopher Brooks, Edward A Lee, Xiaojun Liu, Stephen Neuendorffer, Yang Zhao et Haiyang Zheng. *Heterogeneous Concurrent Modeling and Design in Java (Volume 1 : Introduction to Ptolemy II)*. 2008.

[Brooks 2008b]   Christopher Brooks, Edward A Lee, Xiaojun Liu, Stephen Neuendorffer, Yang Zhao et Haiyang Zheng. *Heterogeneous concurrent modeling and design in java (volume 3 : Ptolemy ii domains)*. EECS Department, University of California, Berkeley, UCB/EECS-2008-37, 2008.

[Carloni 2006]   Luca P Carloni, Roberto Passerone et Alessandro Pinto. Languages and tools for hybrid systems design, volume 1. now Publishers Inc, 2006.

[Caspi 2003]   Paul Caspi, Adrian Curic, Aude Maignan, Christos Sofronis et Stavros Tripakis. *Translating Discrete-Time Simulink to Lustre*. In Rajeev Alur et Insup Lee, éditeurs, Embedded Software, volume 2855 de *Lecture Notes in Computer Science*, pages 84–99. Springer Berlin Heidelberg, 2003.

[DeAntoni 2012] Julien DeAntoni et Frédéric Mallet. *TimeSquare : treat your models with logical time*. In Objects, Models, Components, Patterns, pages 34–41. Springer, 2012.

[Eker 2003]   Johan Eker, Jorn W Janneck, Edward A Lee, Jie Liu, Xiaojun Liu, Jozsef Ludvig, Stephen Neuendorffer, Sonia Sachs et Yuhong Xiong. *Taming heterogeneity-the Ptolemy approach*. Proceedings of the IEEE, vol. 91, no. 1, pages 127–144, 2003.

[Fritzson 1998] Peter Fritzson et Vadim Engelson. *Modelica ?A unified object-oriented language for system modeling and simulation*. In ECOOP ?98 ?Object-Oriented Programming, pages 67–90. Springer, 1998.

[Fritzson 2012] Peter Fritzson. *Introduction to Object-Oriented Modeling and Simulation with Modelica using OpenModelica*, 2012. https://www.openmodelica.org/images/docs/tutorials/modelicatutorialfritzson.pdf.

[Gössler 2005]   Gregor Gössler et Joseph Sifakis. *Composition for component-based modeling*. Science of Computer Programming, vol. 55, no. 1, pages 161–183, 2005.

[Hardebolle 2008] Cécile Hardebolle. *Composition de modèles pour la modélisation multi-paradigme du comportement des systèmes*. Thèse de doctorat, Université Paris-Sud XI, UFR Scientifique d'Orsay, November 2008.

[Hardebolle 2009a] Cécile Hardebolle et Frédéric Boulanger. *Exploring Multi-Paradigm Modeling Techniques*. SIMULATION : Transactions of The Society for Modeling and Simulation International, vol. 85, pages 688–708, November 2009.

[Hardebolle 2009b] Cécile Hardebolle et Frédéric Boulanger. *Multi-Formalism Modelling and Model Execution*. International Journal of Computers and their Applications, vol. 31, no. 3, pages 193–203, July 2009. Special Issue on the International Summer School on Software Engineering.

[Henzinger 2007] Thomas A Henzinger et Joseph Sifakis. *The discipline of embedded systems design*. Computer, vol. 40, no. 10, pages 32–40, 2007.

[Jézéquel 2012] Jean-Marc Jézéquel, Benoit Combemale, Didier Vojtisek *et al.* Ingénierie dirigée par les modèles : des concepts à la pratique. Ellipses, 2012.

[Kent 2002] Stuart Kent. *Model driven engineering*. In Integrated Formal Methods, pages 286–298. Springer, 2002.

[Klee 2007] Harold Klee et Randal Allen. Simulation of dynamic systems with matlab and simulink, volume 6000. CRC Press Boca Raton, FL, 2007.

[Larousse] Larousse. *Site online du dicionnaire Larousse*. http://www.larousse.fr/dictionnaires/francais/temps/77238?q=temps#76325.

[Lee 1998] Edward A Lee et Alberto Sangiovanni-Vincentelli. *A framework for comparing models of computation*. Computer-Aided Design of Integrated Circuits and Systems, IEEE Transactions on, vol. 17, no. 12, pages 1217–1229, 1998.

[Lee 2005] Edward A Lee et Haiyang Zheng. *Operational semantics of hybrid systems*. In Hybrid Systems : Computation and Control, pages 25–53. Springer, 2005.

[Lee 2011] Edward A Lee et Alberto L Sangiovanni-Vincentelli. *Component-based design for the future*. In Design, Automation & Test in Europe Conference & Exhibition (DATE), 2011, pages 1–5. IEEE, 2011.

[Liu] Jie Liu. *Continuous and FSM domain demo - Thermostat System*. http://ptolemy.eecs.berkeley.edu/ptolemyII/ptIIlatest/ptII/ptolemy/domains/continuous/doc/index.htm.

[Mallet 2008] Frédéric Mallet. *Clock constraint specification language : specifying clock constraints with UML/MARTE*. Innovations in Systems and Software Engineering, vol. 4, no. 3, pages 309–314, 2008.

[Mallet 2010] Frédéric Mallet, Julien DeAntoni, Charles André et Robert Simone. *The clock constraint specification language for building timed causality models*. Innovations in Systems and Software Engineering, vol. 6, pages 99–106, 2010.

[Mbobi 2003] Mokhoo Mbobi, Frédéric Boulanger et Mohamed Feredj. *Non-hierarchical heterogeneity*. In International Conference on Computer, Communication and Control Technologies, pages 430–435, 2003.

[Mbobi 2004] Mokhoo Mbobi. *Modélisation hétérogène non-hiérarchique*. Thèse de doctorat, Université Paris-Sud XI, UFR Scientifique d'Orsay, 2004.

[Metayer 2005] Christophe Metayer, Jean-Raymond Abrial et Laurent Voisin. *Event-B language*. RODIN Project Deliverable D, vol. 7, 2005.

[Meyers 2013]   Bart Meyers, Joachim Denil, Frédéric Boulanger, Cécile Hardebolle, Christophe Jacquet et Hans Vangheluwe. *A DSL for Explicit Semantic Adaptation*. In Proceedings of MPM 2013 (Multi-Paradigm Modeling workshop at Models 2013), pages 1–10, September 2013.

[Mosterman 2004]   Pieter J Mosterman et Hans Vangheluwe. *Computer automated multiparadigm modeling : An introduction*. Simulation, vol. 80, no. 9, pages 433–450, 2004.

[Nagel 1975]   Laurence W. Nagel. *SPICE2 : A Computer Program to Simulate Semiconductor Circuits*. Thèse de doctorat, EECS Department, University of California, Berkeley, 1975.

[OMG 2011]   OMG. *Unified Modeling Language (UML), version 2.4.1*, 2011. http://www.omg.org/spec/UML/2.4.1/.

[Scaife 2004]   Norman Scaife, Christos Sofronis, Paul Caspi, Stavros Tripakis et Florence Maraninchi. *Defining and translating a safe subset of simulink/stateflow into lustre*. In Proceedings of the 4th ACM international conference on Embedded software, pages 259–268. ACM, 2004.

[The MathWorks a]   The MathWorks. *Automotive Power Window System*. http://www.mathworks.fr/products/simulink/examples.html?file=/products/demos/simulink/PowerWindow/html/PowerWindow1.html.

[The MathWorks b]   The MathWorks. *Matlab*. http://www.mathworks.fr/products/matlab/.

[The MathWorks c]   The MathWorks. *Simulink*. http://www.mathworks.fr/products/simulink/.

[The MathWorks d]   The MathWorks. *Stateflow*. http://www.mathworks.fr/products/stateflow/.

[Timmerman 2007]   Martin Timmerman. *Embedded systems : Definitions, taxonomies, field*, 2007.

[Van Deursen 2000]   Arie Van Deursen, Paul Klint et Joost Visser. *Domain-Specific Languages : An Annotated Bibliography*. Sigplan Notices, vol. 35, no. 6, pages 26–36, 2000.

[Zurawki 2005]   Richard Zurawki. *The industrial information technology : handbook*. 2005.

www.ingramcontent.com/pod-product-compliance
Lightning Source LLC
Chambersburg PA
CBHW021120210326
41598CB00017B/1516